L'USURIER ANOBLI,

OU LES MOYENS

DE PURGER SA RÉPUTATION,

COMÉDIE

EN CINQ ACTES ET EN VERS.

Utile, ridendo, exemplum præbere.

PAR M. ROUX.

A PARIS,

L. G. MICHAUD, IMPRIMEUR DU ROI,
RUE DES BONS-ENFANTS, N°. 34.

M. DCCC. XVI.

PERSONNAGES.

M. SINGRAPHE, ancien usurier.

Mme. SINGRAPHE, son épouse, née SOLANGE.

LÉOPOLD, leur fils.

EUGÉNIE, leur fille.

M. DE SOLANGE, frère de Mme. Singraphe, sous le nom de Baron DE MONTBRILLANT.

M. DE FLORIMEL, jeune médecin.

COURVILLE, jeune colonel et auteur dramatique.

BIENVENU, ancien commis de Singraphe, et son homme d'affaires.

BELLEMAIN, valet de M. de Solange.

CÉLESTINE, femme-de-chambre d'Orphise, cette dernière se disant veuve d'un marquis, femme équivoque qui ne paraît point.

M. BONFRANÇAIS, ancien fournisseur, personnage épisodique.

UN JOKEY.

TROUPE DE LAQUAIS.

La Scène est à Paris, dans un superbe hôtel, nouvellement acheté par M. Singraphe.

L'USURIER ANOBLI,

OU LES MOYENS

DE PURGER SA RÉPUTATION.

~~~~~~~~~~~~~~~~~~~~~~~~~~~~~~~~~~~~~~~

ACTE PREMIER.

SCÈNE PREMIÈRE.

LÉOPOLD, BIENVENU.

BIENVENU.

Vous avez beau pester, chacun sait qui vous êtes,
Fils de monsieur Singraphe, en termes fort honnêtes.
L'on dit que votre père est issu d'un fermier;
Qu'il était à Rouen un célèbre usurier,
Enrichi par les biens d'une illustre famille,
Dont le plus grand hasard lui fit avoir la fille.

LÉOPOLD.

Je tremble qu'il ne soit la fable de Paris;
Ses airs, des courtisans vont exciter les ris.
Jamais il ne pourra dépouiller le vieil homme :
De honte je rougis quand son fils on me nomme,
Et vingt fois je suis près de le désavouer.

BIENVENU.

D'un titre aussi sacré n'allez pas vous jouer!

Combien de gens pourtant voulurent le connaître,
Dès que de cet hôtel on sut qu'il était maître !
Moi-même, sans mentir, je fus partout fêté ;
Chez les laquais des grands je me vis invité :
Monsieur Singraphe en vous plaçant sa confiance,
Faites, me dirent-ils, que par votre influence
Notre puissant crédit soit le seul en ce jour
Qui le produise enfin près des hommes de cour.

LÉOPOLD.

Voilà les protecteurs dont se sert la sottise !

BIENVENU.

Moi je respecte fort leur utile entremise,
Puisque, grâce à leurs soins, un illustre seigneur
Nous honore aujourd'hui de sa haute faveur :
Il est vrai, pour l'argent, qu'il a tendresse d'ame ;
Mais qui ne brûle pas d'une si belle flamme ?

LÉOPOLD.

Eh ! qu'importe après tout ? Je n'épargnerai rien,
Si de changer mon père il a l'heureux moyen.

BIENVENU.

Au moins, dans tout cela, reconnaissez mon zèle :
De nos docteurs de cour j'ai choisi le modèle ;
Poète et courtisan au suprême degré,
Monsieur de Florimel est partout adoré.

LÉOPOLD.

Quel autre peut vraiment prétendre à mon estime ?
Mon cœur ne doit qu'à lui le beau feu qui l'anime :
Orphise est à mes yeux au-dessus de tout prix.

BIENVENU.

Sans doute un médecin peut remplir à Paris
L'emploi d'introducteur chez ces dames coquettes,
Où l'on apprend à fond l'art de créer des dettes.

LÉOPOLD *d'un ton sévère.*

Je vous l'ai dit cent fois, soyez plus circonspect,
Et d'Orphise toujours parlez avec respect.

BIENVENU.

Oui; certes j'oubliais qu'elle a rang de marquise;
Mais c'est un titre aussi, pardonnez ma franchise,
Qui vous coûte fort cher, et, pour un nom si doux,
Mille louis déjà sont fondus en bijoux,
Sans compter un collier..... d'une magnificence !....
Dont pour elle à crédit vous faites la dépense.
Qui le paiera, monsieur?

LÉOPOLD.

Mon père.

BIENVENU *avec doute.*

Est-ce certain ?

LÉOPOLD.

Il me déplairait !.... Non, je le crois trop humain.
N'est-il pas honoré quand je lui dis mon père?
Qu'il apprenne, par vous, que cette belle affaire
Est utile aux amours d'un très grand protecteur.

BIENVENU *avec ironie.*

Bon !...

LÉOPOLD.

Quoi?

BIENVENU.

Rien : j'y consens ... O trop funeste erreur !

LÉOPOLD.

D'où vous vient, dites-moi, cet excès de sagesse ?
Je m'en moque, au surplus, je cède à ma tendresse.
Oui, certes, je paierais, même de tout mon bien,
La faveur d'obtenir un secret entretien ;
De la marquise encore en vain je le désire :
Mes présents sont suivis du plus charmant sourire,
Ses yeux semblent se rendre à mes soins empressés;
Mais mes tendres projets sont bientôt renversés,
Par le concours sans fin d'une foule idolâtre,
Qui chez elle se rend comme dans un théâtre.
Dès l'heure du lever, poète et médecin
Viennent lui débiter les douceurs du matin ;
Le financier succède, et la jeunesse ensuite,
Par les plaisirs, les jeux, à sa cour introduite,
Vient prendre des leçons de ces vieux courtisans,
Qui firent autrefois les délices du temps.
Malgré cela je souffre.

BIENVENU.

Il me vient une idée;
Sur sa femme-de-chambre elle est très bien fondée;
Célestine, en tout point honnête avec esprit,
Peut vous favoriser d'après certain profit,
Et conduire ici même Orphise avec mystère.

LÉOPOLD.

Elle veut justement connaître aussi mon père.

BIENVENU (*à part*).

J'en prévois le motif.

LÉOPOLD.

Vous savez qu'aujourd'hui
Sans faute il doit aller, et ma mère avec lui,
Terminer un contrat d'un grande importance,
Et qui, loin de ces lieux, retiendra leur présence.
D'Orphise, en ce moment, trompons ainsi l'espoir ;
Nous la ferons venir dans ce charmant boudoir,
D'où l'on a par la cour une secrète issue.
Je pourrai donc enfin jouir seul de sa vue !

BIENVENU.

Nos apprêts se feront sans nul empêchement,
Car personne ne va dans cet appartement.

LÉOPOLD.

Pour embellir, monsieur, ce divin tête à tête,
Que tout soit digne ici de celle que je fête !

BIENVENU.

Vraiment, je le crois bien.

LÉOPOLD.

Je m'en vais de ce pas,
De mon brillant projet tracer le canevas. (*Il sort.*)

SCÈNE II.

BIENVENU *seul.*

Allons, de mieux en mieux, intrigue sur intrigue.
En servant les amours d'un fat aussi prodigue,

Toujours prêt à céder à d'insensés désirs,
Par d'utiles profits préparons ses plaisirs.
Je peux joindre à cela cette grande entreprise,
Que depuis quelques jours son père m'a commise.
De plus monsieur Courville, auteur fort singulier,
Qui prétend convertir l'ame de l'usurier,
Pour l'avoir dans l'hôtel introduit par rubrique,
Me doit ma part de gain d'un ouvrage comique,
Où Singraphe est joué dans tout son personnel.
Au récit alarmant d'un affront si cruel,
Il va me consulter; mais ma subtile adresse
Saura le rançonner, pour supprimer la pièce.
Le docteur Florimel.... Je le vois, taisons-nous.

SCÈNE III.

FLORIMEL, BIENVENU.

FLORIMEL *en colère.*

De votre probité n'êtes-vous plus jaloux ?

BIENVENU.

Je n'en sais rien moi-même.

FLORIMEL.

Était-il bien utile
De produire en ces lieux le colonel Courville ?
Je sors de chez Orphise, où l'on m'a soutenu
Que de le protéger vous étiez convenu.
Faut-il que contre moi votre avide génie,
A l'instant que j'aspire à la main d'Eugénie,
Par un vil intérêt me suscite un rival,

Quand mon cœur envers vous devient si libéral ?
De nos accords, monsieur, perdez-vous la mémoire?
Ou, de l'art de tromper tirez-vous votre gloire ?

BIENVENU *riant.*

C'est l'appât de sa dot qui trouble votre cœur.
Courville n'est pas noble, et n'est point en faveur.

FLORIMEL.

Mais il a de l'esprit, des airs, de la figure;
Devra-t-on pour cela de cet hôtel l'exclure?
Par quel motif enfin l'avez-vous amené ?

BIENVENU.

De garder le secret je suis déterminé.
D'honneur, comme on le fait, j'ai prêté ma parole:
Diable, rassurez-vous, rien n'est aussi frivole.

FLORIMEL.

Ah! point de perfidie.... Oui, monsieur Bienvenu.

BIENVENU.

Avez-vous oublié que je suis convenu
De vous faire passer pour le docteur d'un prince;
Combien ce titre impose aux gens de la province ?

FLORIMEL *avec une humeur affectée.*

Un procédé si vain est par trop rebutant :
Prendre un titre d'avance !... O ciel ! moi charlatan !...
    (*Adoucissant sa voix.*)
Néanmoins, pour vous plaire il n'est rien que j'immole;
Car je pourrai bientôt me passer d'hyperbole.
    (*Prenant le ton imposant.*)
Quoi qu'il en soit, monsieur, conservez-moi l'honneur.

BIENVENU.

Après les biens du corps, je l'ai le plus à cœur :
Doit-on douter ainsi de ma délicatesse ?

FLORIMEL.

Sans doute je prévois, dans l'ardeur qui me presse,
Qu'Eugénie aujourd'hui , d'un regard curieux,
De Courville enchanté va captiver les yeux.

BIENVENU.

Je l'en empêcherai.

FLORIMEL.

La chose est impossible.

BIENVENU.

D'ailleurs , vous l'avez vu , son cœur est insensible.

FLORIMEL.

Aussi, pour l'attendrir, trouvez-moi le moyen
D'obtenir par surprise un secret entretien ;
Je veux fixer enfin son humeur inconstante :
Elle est tellement neuve, et si fort innocente,
Que, parlez-lui d'amour, vous n'êtes point compris.

BIENVENU.

Ce n'est pas un défaut qu'on rencontre à Paris,
Où les filles d'honneur dans tout sont fort instruites.

FLORIMEL.

Je crains pour mes désirs de bien funestes suites.

BIENVENU.

Songez donc qu'Eugénie est encore un enfant.

FLORIMEL.

Qui changera trop tôt, comme on en connaît tant.
Entrons chez nos amis.... Mais je crois les entendre.

SCÈNE IV.

FLORIMEL, Mme. SINGRAPHE, M. SINGRAPHE, BIENVENU.

*(M. et Mme. Singraphe doivent entrer avec l'air de deux
personnes qui se querellent.)*

FLORIMEL *s'avançant vers Mme. Singraphe avec un
air maniéré.*

De toutes les faveurs où j'ai droit de prétendre,
La plus douce, madame, est ce soin précieux,
Qui de votre santé me rend si glorieux....
*(S'approchant de fort près, et l'examinant en docteur
scrupuleux.)*
Ciel! que vois-je ?.... Pardon ; cette mélancolie
Marque d'un mal naissant la présence impolie.
Ah! c'est fort mal agir, et je suis en courroux
Contre le peu d'amour que vous avez pour vous.

Mme. SINGRAPHE.

Aussi, pourquoi faut-il que l'on me contrarie ?

FLORIMEL.

Qui peut de vos humeurs causer l'intempérie ?
Quel est le roturier ?

Mme. SINGRAPHE *montrant son mari.*

C'est monsieur que voilà.

M. SINGRAPHE *d'un ton respectueux.*

Moi, madame Singraphe !

Mᵐᵉ. SINGRAPHE.

Ah ! quel est ce nom-là ?

M. SINGRAPHE *naïvement.*

Madame, c'est le mien ; je crois qu'il est le vôtre.

Mᵐᵉ. SINGRAPHE.

Je ne puis le souffrir, changez-le contre un autre ;
Et vous avez grand tort de vous nommer ainsi.

M. SINGRAPHE.

Vous l'avez bien porté jusqu'à ce moment-ci.

Mᵐᵉ. SINGRAPHE.

Dieu ! quel entêtement ! et quel homme incrédule !
Non, il n'est pas permis d'être si ridicule.

M. SINGRAPHE.

Mais j'ai des millions ; vous n'y pensez donc pas ?

Mᵐᵉ. SINGRAPHE.

Si vous continuez, vous verrez mon trépas.
(*S'adressant à Florimel.*)
Monsieur, c'est votre affaire.

FLORIMEL.

Assurément, madame,
Sans honte on ne peut pas vous appeler sa femme :
Oui, foi de courtisan, il faut en convenir,
Ce nom me semble vil, me fait même rougir.

M. SINGRAPHE.

Vous en parlez à l'aise, il a fait ma fortune.

Mme. SINGRAPHE.

La source, pour cela, n'en est pas moins commune,
Puisqu'un gros campagnard vous l'a jadis légué.

FLORIMEL.

Il faut en choisir un qui soit plus distingué.
Vous êtes obligé de masquer votre père;
Commencez donc par là, c'est la règle ordinaire.

Mme. SINGRAPHE *avec ironie.*

Le sacrifice est mince.

M. SINGRAPHE.

On le dit aujourd'hui.
Sans mon secours, pourtant, quel serait votre appui?
Vos parents, un matin, abandonnent la France,
Et me laissent chargé du soin de votre enfance.
Mon père, dès long-temps leur honnête fermier,
En achetant leurs biens, m'établit leur banquier.
Aux dépens de mes jours le ciel pour eux m'inspire:
(*A sa femme qui rit.*)
Oui, madame, il est vrai, quoique vous vouliez rire;
Je leur fais parvenir dans des pays lointains,
D'immenses capitaux conservés par mes mains.

Mme. SINGRAPHE.

Tout en vous exposant vous fîtes votre affaire;
Car avant cette époque, et sans en rien distraire,
Vous n'étiez, tout au plus, qu'un mince trafiquant.

M. SINGRAPHE.

Ne m'interrompez point; je suis très conséquent.
Malgré moi, par la suite, il me fut impossible

De leur continuer un zèle aussi sensible ;
Et bientôt entre nous tout commerce a cessé.
Sûrement que le ciel contre eux a prononcé.
Néanmoins, sans espoir, par la douleur atteinte ,
A vous donner à moi vous vous vîtes contrainte.

Mme. SINGRAPHE *avec vivacité*.

Certes, rien n'est plus vrai , vous avez dit le mot.

M. SINGRAPHE.

En homme généreux je vous reçus sans dot.
Que me sert, dites-moi, votre nom de Solange ?

Mme. SINGRAPHE *avec indignation*.

Quel affront pour ma gloire ! et quel discours étrange !
Si mon frère existait, qu'il vît notre union,
Où pourrais-je éviter son indignation ?
Il voit encor le jour, et je suis bien certaine
Qu'il nourrit contre moi la plus affreuse haine.

M. SINGRAPHE.

Sur un pareil sujet consultons Bienvenu,
Dès long-temps mon commis, dans tout il m'a connu.

BIENVENU.

(*Bas à Singraphe.*)

Que chez vous le passé, dans un profond silence,
Ne soit plus, s'il se peut, de votre connaissance.

(*Fort haut.*)

Vous n'êtes plus le même, honnête maintenant,
Vous allez figurer dans un poste éminent ;
Mais conservons toujours notre ancienne souplesse ;
Elle flatte les grands par notre petitesse.

Mme. SINGRAPHE.

Osez-vous conseiller un honteux procédé,
Qui conduira monsieur à se voir dégradé ?

BIENVENU.

Si nous nous abaissons en donnant la louange,
Sur nos inférieurs que notre orgueil se venge !...
Je m'en rapporte à vous, monsieur de Florimel,
Vous êtes de la cour un enfant naturel.

FLORIMEL.

Jamais l'on n'y déroge en suivant l'étiquette,
Quoiqu'aux gens en faveur on fasse la courbette.
Je conviens qu'il est dur de se placer si bas,
Mais pour mieux s'élever que ne ferait-on pas ?

BIENVENU.

Ce genre de salut devient si nécessaire,
Que d'habiles flatteurs baisent, dit-on, la terre.

FLORIMEL.

Ils obtiennent aussi le plus heureux succès ;
Leur amour-propre ensuite, enflé jusqu'à l'excès,
Va porter dans le monde un fond d'insuffisance,
Qui dérobe au public leur basse complaisance ;
Chacun vient sur leurs pas briguer une faveur :
Un jour leur parle-t-on, c'est un jour de bonheur ;
Un geste, un mot, un rien, tout paraît honorable :
Sont-ils impertinents, on leur est redevable.

M. SINGRAPHE.

La richesse à présent donne cet air hautain,
Et de ma vanité je suis déjà certain.

FLORIMEL *examinant la tournure de Singraphe.*

Il est un art pourtant qui devient difficile,
Sans lequel, en un mot, le reste est inutile ;
Art que parmi les grands on admire à la cour ,
Et surtout inconnu chez les riches du jour ,
Qui, dans les hauts emplois, nous tient lieu de mérite....

M. SINGRAPHE *avec vivacité.*
Nommez-le donc enfin.

Mme. SINGRAPHE *avec ironie.*
Il faut qu'il en profite.

FLORIMEL *saluant Singraphe avec fatuité.*

C'est, sans vous offenser, ce charme séduisant
Qui nous vaut le renom d'aimable courtisan.

Mme. SINGRAPHE *à son mari, qui paraît interdit.*

Vous voilà satisfait, qu'avez-vous à répondre ?
Tout ici, je le sens, ne sert qu'à vous confondre ;
Car les divins auteurs de votre affection
Soignèrent assez mal votre éducation.

M. SINGRAPHE *marchant d'un air fier.*

Madame, examinez cette démarche altière,
(*Il élève la voix.*)
Et de mon verbe aussi la force singulière.

BIENVENU.

Combien je vois de gens aujourd'hui bien vêtus,
Qui, quoique sans science, ont de grandes vertus !

Mme. SINGRAPHE *à son mari.*

Il faudra donc, monsieur, que je vous débarrasse
De tous les frais d'esprit que demande une place ?

FLORIMEL *à M*^{me}. *Singraphe.*

FLORIMEL *à Mme. Singraphe.*

Un semblable travail peut devenir fort grand,
Et de votre santé serai-je alors garant ?
Si, dans cet heureux jour, j'obtenais Eugénie,
Votre esprit délicat, aidé de mon génie,
Sans peine et sans fatigue irait partout vanté,
Comme étant de monsieur la noble faculté.
Madame, vous savez que je suis de naissance,
Et médecin surtout par pure bienfaisance.

(Il entre en ce moment un jockey.)

LE JOCKEY.

Un laquais de la cour veut parler dans l'hôtel,
De la part d'un grand prince, au sieur de Florimel.

(Le jockey sort.)

FLORIMEL.

(*Au jockey qui sort.*)   (*A M*^{me}. *Singraphe.*)
Je m'y rends.... Ah ! pardon, profession maudite,
Qui me fait trop sentir l'embarras du mérite,
Puisqu'il faut qu'à l'instant j'abandonne des lieux
Où je suis près des gens que je chéris le mieux....

(*S'adressant à M. Singraphe qui paraît émerveillé.*)
Mais le cas est urgent !...Monsieur, c'est pour le prince!..
Il était gouverneur jadis de ma province.

(Il sort en faisant des politesses à Mme. Singraphe.)

SCÈNE V.

LES PRÉCÉDENTS.

Mme. SINGRAPHE.

J'adopte volontiers sa proposition;

L'Usurier.

2

De l'attacher à nous j'avais l'intention.
Je remplis donc mes vœux en lui donnant ma fille ;
Il est issu vraiment d'une illustre famille ;
Vingt fois il me l'a dit.

BIENVENU.

J'ai vu ses parchemins ;
Ils sont même en honneur chez tous les médecins.

M. SINGRAPHE.

Eugénie est fort jeune, il faut encore attendre.

Mme. SINGRAPHE.

Avez-vous là-dessus quelque chose à m'apprendre ?

M. SINGRAPHE s'excusant.

Je ne m'en flatte pas.

BIENVENU.

Monsieur, décidez-vous.
D'un médecin si tendre on doit être jaloux ;
Des dieux en nous portant la parole divine,
Il a par de beaux vers proscrit la médecine ;
Son ouvrage à la cour a déjà fait grand bruit ,
Et le bon goût d'avance à ce titre est séduit.

M. SINGRAPHE.

Puisqu'il en est ainsi, je le veux bien, madame ;
Je sais trop les égards que l'on doit à sa femme.

Mme. SINGRAPHE.

Vous faites en cela preuve de jugement.

BIENVENU.

Aujourd'hui , toutefois, agissez noblement.

Monsieur de Montbrillant, qu'on traite d'excellence,
Doit se rendre chez vous avec magnificence;
De vos nobles projets, par mes soins prévenu,
Il s'est même avec moi de vous entretenu :
Si le fait, m'a-t-il dit, est tel que tu racontes,
Il sera président de notre cour des comptes :
Cette place est vacante, et ma haute faveur
Peut remplir envers lui tous les vœux de mon cœur.

Mme. SINGRAPHE *à son mari.*

Vous allez donc trancher du noble personnage,
Si mes leçons pourtant sont sans cesse en usage.
Soyez sobre, monsieur, en vos naïvetés,
Qui sont envers le goût d'étranges cruautés.
Fuyez ces termes bas, dont le concours trop rude
De l'esprit usurier marque en vous l'habitude,
Et, prêt à dire un mot, pesez-le auparavant.
Oh! moins vous parlerez, plus vous serez savant.

M. SINGRAPHE.

C'est un peu fort, madame, et mon orgueil s'irrite;
Je puis ainsi que vous montrer un grand mérite :
Vous me poussez à bout.

Mme. SINGRAPHE *avec vivacité.*

                    Voilà mon seul désir !
Montrez-le moi, monsieur, vous me ferez plaisir:
Depuis que je vous vois, je suis lasse d'attendre.

SCENE VI.

LES PRÉCÉDENTS, LÉOPOLD.

LÉOPOLD *à sa mère.*

Madame, quel chagrin ! et que viens-je d'entendre !
(*A son père.*)
Quoi, monsieur, est-ce vous qui causez cet ennui ?

Mme. SINGRAPHE.

Dans mes transports , mon fils , devenez mon appui.

LÉOPOLD *à son pere avec vivacité.*

Si ma gloire aujourd'hui peut vous être encor chère,
De votre nom d'abord cherchez à vous défaire ;
Sachez que j'ai puni, comme un indigne affront ,
Certain fat qui voulait que ce fût là mon nom.

M. SINGRAPHE.

Mon fils, vous avez tort, c'est une étourderie ;
Et je ne conçois point cette bizarrerie,
De s'offenser d'un nom qui fut votre soutien :
Je le porte, au surplus.... Monsieur, je vous vaux bien.

LÉOPOLD *bas, avec fatuité.*
On ne le croirait pas.

M. SINGRAPHE.
Vous le savez vous-même,
Je n'ai rien négligé , dans mon amour extrême,
Pour vous faire jouir du plus brillant état :
Voulez-vous commencer par un beau majorat ?
Tout ce que par l'argent on acquiert de gloire,
Vous l'aurez, mon cher fils, oui, vous pouvez m'en croire.

LÉOPOLD.

Mais fussé-je anobli suivant votre façon,
De célèbre usurier perdrez-vous le renom ?

M. SINGRAPHE.

Oubliez-vous, monsieur, que je suis votre père ?

LÉOPOLD.

Je n'ai qu'un seul défaut, c'est d'être un peu sincère.

M. SINGRAPHE *en colère.*

Vous vous moquez, je pense, avec de tels discours.

BIENVENU.

De ces débats, messieurs, interrompons le cours.
Le baron Montbrillant, seigneur très charitable,
N'agit que pour se rendre aux pauvres secourable.

M. SINGRAPHE.

Eh ! que m'importe à moi ce travers singulier ?

BIENVENU.

Faut-il sur cet article ainsi vous récrier !
Quels sont les protecteurs, fussent-ils des novices,
Qui ne vendent fort cher leurs plus petits services ?
Ce qui n'empêche pas qu'ils ne soient bienfaisants.

M. SINGRAPHE.

Quoi! de la charité parmi les courtisans !...
Oh ! vous m'en imposez ; il sont tous gens d'affaires.

BIENVENU.

Mais celui-là n'a pas des sentiments vulgaires :
Par pure humanité, si je l'ai bien compris,
Il voudrait sans retard toucher mille louis.

M. SINGRAPHE.

Certes, vous plaisantez : une somme aussi forte !

BIENVENU.

Mais songez aux profits qu'un grand emploi rapporte.
D'ailleurs, chez un notaire elle est mise en dépôt :
Croyez-vous bonnement que je sois un nigaud ?

M. SINGRAPHE.

Oui, si la place alors ne m'était point donnée,
L'on me rendra ma somme, et même avant l'année ;
Bien entendu, monsieur, avec les intérêts,
Au cours le plus haut, ainsi que tous les frais.

BIENVENU.

D'accord.

M. SINGRAPHE.

Eh bien ! je vais la lui porter moi-même.

BIENVENU.

(*A part.*)   (*Haut.*)

Moi je n'y consens pas. Quelle imprudence extrême !
Des grands surtout, monsieur, ménageons la pudeur ;
On ne les a jamais que par entremetteur ;
Leur ame délicate est tellement sensible,
Que de honte en affaire elle est très susceptible.
Ainsi, sans balancer, comptez-moi cet argent ;
Je dois, à le remettre, être fort diligent.

M. SINGRAPHE *tirant son portefeuille.*

Tenez, voici la somme en un bon sur la banque.
Prenez garde au contrat ; surtout que rien n'y manque

BIENVENU.

A qui le dites-vous ?   (*Il sort.*)

SCÈNE VII.

LES PRÉCÉDENTS.

M. SINGRAPHE.

Je ne suis pas si sot.....

Mᵐᵉ. SINGRAPHE.

Que cela soit ou non, voilà mon dernier mot :
Désormais, en changeant d'esprit et d'habitude ,
Que la noblesse en tout soit votre unique étude;
Je vous en prie , enfin, puisque vous le voulez :
Êtes-vous satisfait ?

M. SINGRAPHE.

Certes, vous m'ébranlez.
Dès cet instant, madame , à vos ordres fidèle ,
Pour contenter vos vœux j'emploîrai tout mon zèle.
Oui , j'entends qu'à la cour il ne soit nul seigneur
Qui n'admire dans moi ce qu'on nomme grandeur.

FIN DU PREMIER ACTE.

ACTE DEUXIÈME.

SCÈNE Iʳᵉ.

BIENVENU, *arrivant avec des billets de banque à la main.*

J'arrive de la banque où j'ai reçu ma somme....
La loi vous force-t-elle, au fond, d'être honnête homme?....
Ces billets iront-ils trouver le protecteur,
A qui je viens ici servir d'introducteur?.. .
Vraiment, je l'ai promis; la parole est sacrée....
Quoi ! ma raison est-elle à ce point égarée?....
La parole!.... avec qui compte-t-on là-dessus?....
Dois-je, pour l'avenir, créer un tel abus !....
Ainsi prenons ma part.... mais, par quel artifice?....
Paix.... Voici le baron, remplissons notre office....

SCÈNE IIᵉ.

BIENVENU, BONFRANÇAIS,

BIENVENU *se retournant,*

Hé!... me trompé-je?... Non... c'est monsieur Bonfrançais...,
Quel prodige !... à Paris....

BONFRANÇAIS *avec empressement.*

De Rouen , tout exprès ,
Au cher monsieur Singraphe, en rendant mon hommage,

Je viens de son argent faire un très digne usage :
A dix pour cent le mois !... Le prix est attrayant !
Je suis toujours très bon.... s'il était méfiant.

BIENVENU.

Avec vous !....

BONFRANÇAIS *avec le ton hypocrite.*

J'ai de plus un grand fonds de morale ;
Et même, en piété, personne ne m'égale.

BIENVENU *en riant.*

Pour croire à ce saint zèle il suffit d'un seul mot :
Vous étiez fournisseur avant d'être dévot.

BONFRANÇAIS *avec un soupir.*

Oublions le passé....., puisqu'il ne peut renaître.

BIENVENU.

Mais de vous obliger je ne suis plus le maître.
Monsieur Singraphe abjure aujourd'hui le métier ,
Et lègue à vos Normands ses titres d'usurier :
Ainsi le veut l'honneur et la noble étiquette.

BONFRANÇAIS.

Des blés j'ai cependant calculé la disette ;
Et par humanité j'en ai fait des amas ,
Dont le prompt payement me met dans l'embarras.
(*Avec exaltation.*)
Immense est le profit !... J'espère la famine !...
Je vais donc sur-le-champ fouiller une autre mine.

BIENVENU *réfléchissant.*

(*A Bonfrançais.*)   (*A part.*)
Restez...., La belle usure !... un mois à dix pour cent!...

(Examinant ses billets.)

Allons, prêtons-les lui; mais sur un bon garant.

(*Haut.*)

Mille louis, monsieur, malgré ma répugnance,
Par moi vous sont offerts sous le plus grand silence :
Notre honneur vous contraint à garder le secret....
Quelqu'un vient, suivez-moi jusqu'en mon cabinet.

(*Ils sortent.*)

SCÈNE III.

M. DE SOLANGE, *sous le nom de baron Mont-brillant;* BELLEMAIN, *son valet.*

BELLEMAIN.

Vous voilà dans l'hôtel de votre cher beau-frère.

M. DE SOLANGE.

J'ai peine à concevoir qu'avec mon caractère,
Je puisse m'affranchir de ma sincérité.

BELLEMAIN.

Le mensonge à bon droit vaut bien la vérité.

M. DE SOLANGE.

Sans doute, en mes desseins, le Ciel me favorise,
Et j'y réussirais sans mon trop de franchise;
Car ma sœur de mes traits ne peut se souvenir,
Ni personne en ces lieux ne saurait me trahir.
Dès l'âge de dix ans, et toujours sédentaire,
Je suivis à Paris l'école militaire :
Quand nos troubles civils furent près d'éclater,
Mon père, à ces fureurs ne pouvant résister,

Avec moi promptement s'exila de la France ;
Du père de Singraphe il reçut l'assurance,
Qu'en lui vendant ses biens, et sans aucun danger,
Le prix en parviendrait en pays étranger :
Son fils s'étant chargé d'en faire la remise,
Il remplit en partie une telle entreprise ;
Mais contraint de quitter notre habitation,
Victime par les ans de cette oppression,
Mon père entre mes bras termina sa carrière :
Moi-même, depuis lors détestant la lumière,
J'allais, en méprisant les dangers et la mort,
Cacher mes noirs chagrins dans les climats du nord :
Toute relation me restant interdite,
Je ne pouvais compter que sur mon seul mérite.
Le hasard me servit : j'obtins d'un grand seigneur
Une charge éminente, et qui fit mon bonheur ;
Car nombre de Français, tous prisonniers de guerre,
Succombant sous le poids d'une affreuse misère,
Trouvèrent par mes soins un remède à leurs maux,
Et chez leurs ennemis les douceurs du repos :
J'en suis récompensé, je revois ma patrie,
Mais, non, sans que mon ame en soit très attendrie.
De l'état de ma sœur, par toi bientôt instruit,
Tu sais à quel affront son cœur même est réduit :
Épouse de Singraphe au sortir de l'enfance,
Elle vit sous les lois de l'avide opulence.
Cela ne serait rien, si cet homme grossier,
Par le renom fâcheux de célèbre usurier,
Ne souillait à mes yeux une immense fortune,
Dont l'espèce aujourd'hui me semble trop commune.

En dépit cependant de ses honteux travers,
Ma sœur du plus haut rang veut lui donner les airs;
Et moi je souffrirais qu'un pareil personnage,
Jusque dans les grandeurs vînt montrer son visage !
Qu'il se dît mon égal !... Avant d'y parvenir,
Il faut, par des bienfaits, qu'il se fasse applaudir.

BELLEMAIN.

Sachez que parmi ceux qui leur rendent visite,
Un jeune médecin, qui pis est, hypocrite,
Auprès de votre sœur étale un tel savoir,
Que d'obtenir sa fille il a très grand espoir.
Aussi s'est-il créé la plus haute origine,
Quoique tous ses aïeux sentent la médecine :
On l'appelle à présent monsieur de Florimel.

M. DE SOLANGE.

Si tu le conduisais dans mon nouvel hôtel,
Nous aurions un motif, par ruse ou par adresse,
D'en faire le prôneur de mon illustre altesse.

BELLEMAIN.

Eh ! c'est là sa manie; oui, rien n'est plus aisé :
Pour tâter la noblesse il est électrisé.
D'avance il me croira, j'en donne ma parole :
Tout docteur n'est-il pas amant de l'hyperbole ?

M. DE SOLANGE.

Je veux dans le cerveau feindre un vif embarras.

BELLEMAIN.

Justement il guérit du mal que l'on n'a pas.

M. DE SOLANGE.

Amène-le moi donc : dans cette circonstance,
Je peux bien sans danger éprouver sa science.

BELLEMAIN.

C'est un louis, monsieur, qu'il vous en coûtera
Pour avoir de son art le grand *non plus ultrà!*

M. DE SOLANGE.

Au plus léger soupçon je ne dois point m'attendre,
Grâce à tous les moyens que nous avons su prendre.

BELLEMAIN.

Depuis très peu de jours l'hôtel est acheté ;
D'ailleurs vous le tenez sous un nom emprunté :
Baron de Montbrillant partout l'on vous appelle ;
Ici, des gens de cour vous serez le modèle ;
Car, monsieur Bienvenu, qui de tout fait profit,
Les a bien convaincus de votre haut crédit.

M. DE SOLANGE.

Aussi suis-je engagé, par des mesures promptes,
D'obtenir pour Singraphe à notre cour des comptes,
L'emploi d'un président qui s'y trouve à remplir ;
Mais afin qu'à ce but je puisse parvenir,
Mille louis au moins, comme un don charitable,
Doivent m'être par lui comptés au préalable.
A mes desseins ainsi je prétends le lier.

BELLEMAIN.

De Bienvenu pourtant il faut vous méfier,
L'on vient.... Vraiment, c'est lui.

SCÈNE IV.

Les précédents, BIENVENU, COURVILLE.

BIENVENU à Courville, à part.

Tenez votre promesse;
L'argent, dès mon enfance, eut toute ma tendresse.
(S'approchant de Solange, il lui fait de grands saluts.)
Excellence, souffrez qu'un humble serviteur,
Pour vous plaire à l'instant fasse preuve d'honneur.

COURVILLE à Bienvenu.

Qui vous force à mentir?

BIENVENU à Courville.

Le bon ton et l'usage.

M. DE SOLANGE.

Qu'ont de commun nos faits avec notre langage?

BIENVENU.

L'honnête homme lui-même, on le voit tous les jours,
Dans ce siècle savant a besoin de détours.
Que Dieu me garde aussi près de son excellence,
D'oublier le tribut de la reconnaissance.

COURVILLE, à part, à Bienvenu.

Cela ressemble fort à la corruption.

M. DE SOLANGE à Bienvenu.

Vous présumez si bien de mon intention,
Qu'il serait superflu de vouloir vous apprendre
Que je daigne par grâce à vos offres me rendre,
En agréant de suite, avec mille louis,

Ce tribut dont mon cœur sent déjà tout le prix.
Vous savez nos accords.

BIENVENU, *à part.*

Ce n'est pas là mon compte....
(*Haut, avec embarras.*)
Son altesse peut voir que je rougis de honte.

M. DE SOLANGE.

Singraphe ce matin a dû vous les compter.

BIENVENU.

(*A part, avec embarras.*)
Cela peut être vrai.... Que faut-il inventer ?

M. DE SOLANGE.

D'où naît votre embarras ?

BIENVENU.

La chose est délicate.

BELLEMAIN.

Monsieur voudrait, je crois, qu'on lui graissât la patte.

BIENVENU.

Quelque chose à peu près , ou bien l'équivalent.

M. DE SOLANGE.

Garder le bien du pauvre!.... Oh ! le trait est sanglant.

BIENVENU, *avec un ton sincère et piteux.*

Mille écus entre nous rempliraient mon affaire ;
Ils me sont, je le dis, du plus grand nécessaire.

COURVILLE *bas à Bienvenu.*

Certes, monsieur Singraphe est par vous bien dupé !

BIENVENU *bas à Courville.*

C'est un bonheur pour lui s'il est ainsi trompé.
Vous n'y connaissez rien.... Dieu! le pauvre génie!

M. DE SOLANGE *à Bienvenu.*

De griveler sur tout auriez-vous la manie?

BIENVENU.

Oui, le pressant besoin.... Messieurs, je ne ments pas.

M. DE SOLANGE.

Ceci n'est pas trop clair.

BIENVENU, *à part.*

Tirons-nous d'embarras.

(*Haut.*)
Je vais chercher Singraphe : ici son excellence
Devra me pardonner quelques moments d'absence.

(*Il sort.*)

SCÈNE V.

LES PRÉCÉDENTS.

M. DE SOLANGE *à Courville.*

Vous êtes des amis de monsieur Bienvenu?

COURVILLE.

Je suis, je le comprends, de vous très mal connu;
Mais vous ne pensez pas que j'en sois plus à plaindre:
Votre estime est un bien que même l'on doit craindre.
Quoi! n'est-il pas honteux qu'avec un noble sang,
Votre cupidité vous place au dernier rang?

M. DE SOLANGE.

A quel titre osez-vous me tenir ce langage,
Vous qui, sans répliquer, devez me rendre hommage ?

COURVILLE.

Eussiez-vous le pouvoir des premiers de l'état,
Jamais contre l'honneur un si lâche attentat
Ne me rendra soumis jusqu'à cette bassesse !

M. DE SOLANGE.

L'on pourrait vous punir de votre hardiesse.

COURVILLE.

Soit, j'y consens encor; mais ma sincérité
N'en accuse pas moins votre vénalité.

M. DE SOLANGE.

(*Bas à Bellemain.*)   (*Haut à Courville avec ironie.*)
Sa franchise me plaît. Vous êtes bien comique....

COURVILLE *avec ironie.*

Sa grandeur, et pour cause, abhorre la critique.

M. DE SOLANGE.

Vous pensez avec moi jouer l'original.
Pourquoi ce sentiment d'un cœur si libéral
Se prête-t-il alors à ce désir avide
Qui fait de Bienvenu l'homme le plus cupide ?
Sur quel pied dans ces lieux vous a-t-il introduit ?

COURVILLE.

La qualité d'auteur seule ici m'a conduit.
Étudier Singraphe est le but qui m'amène :
C'est un gros usurier, très propre à mettre en scène.

L'Usurier.   3

Au théâtre on joûra cet homme routinier,
Qui, toujours du trafic rappelant le métier,
Vient dans les dignités, avec cérémonie,
Employer les calculs de la parcimonie.

M. DE SOLANGE.

Le connaissez-vous bien?

COURVILLE.

Oui, je sais qu'à Rouen
Monsieur, de la bassesse était un courtisan.
Mais madame, adorant les formes très altières,
Veut lui donner ici les plus hautes manières.
Quoi de plus ridicule, avouez, s'il vous plaît,
Que l'accomplissement d'un semblable projet!...
De plus un fat, leur fils.... et leur fille très neuve,
Qui, du pensionnat sort pour faire l'épreuve
D'un crédule mari, dont la cupidité
Prendra pour des talents sa sotte vanité....

M. DE SOLANGE *l'interrompant avec vivacité.*

Pourquoi de ces gens-ci, critiquant la famille,
De ridicules traits accablez-vous leur fille ?
Oui, sans risque, à votre air je vais même gager
Qu'à ses regards encor vous êtes étranger.

COURVILLE.

Vous l'avez deviné, je ne l'ai jamais vue.

M. DE SOLANGE.

Des auteurs voilà donc l'équité prétendue !
(*Avec ironie.*)
Vous faites-vous honneur de votre invention ?

COURVILLE *en riant.*

Elle met dans ma pièce une heureuse union.
Si ceux que je connais pèchent par leur nature,
De tous nos chers parents j'aperçois la figure ;
Et vous-même, seigneur, vous allez convenir
Que rire à leurs dépens est un fort bon plaisir.

M. DE SOLANGE *avec un emportement comique.*

Non, parbleu, je le dis, la chose est impossible.

COURVILLE.

Un tel emportement est sans doute risible.
Au reste, je n'ai pas l'adroite faculté
De prendre, pour vous plaire, un ton de fausseté.

M. DE SOLANGE.

Quel est donc votre nom ?

COURVILLE.

Je m'appelle Courville.

M. DE SOLANGE.

Seriez-vous de Rouen ?

COURVILLE.

J'habitais cette ville,
Quand mon père autrefois, contraint de s'exiler,
Succomba sous les maux qui vinrent l'accabler.
A six ans orphelin, et plus tard sans fortune,
Las d'étourdir le ciel par ma plainte importune,
Je résolus dès-lors, dans les champs de l'honneur,
De m'élever moi seul par ma noble valeur.
L'amour de mon pays, la fougue de mon âge,
Secondèrent bientôt un généreux courage ;

3.

Et j'étais colonel, lorsque dans un combat,
Je me suis vu privé de défendre l'état.
Prisonnier malgré moi, cependant sur parole,
Dans l'amour des beaux-arts cherchant une autre idole,
Mais convaincu qu'un cœur, par la gloire élevé,
Ne peut par l'intérêt se trouver captivé,
Je veux purger nos mœurs de ce goût ridicule
Qui n'admet d'autre esprit que celui qui calcule.

M. DE SOLANGE.

Jamais succès, monsieur, ne sembla plus douteux :
Loin de tout sentiment et noble et généreux,
L'amour qu'on idolâtre est l'amour de soi-même.
Que de gens, pour aimer, qui consultent Barême !
Leur nombre ici m'effraie....

COURVILLE *avec ironie et dépit.*

Oui, je suis un grand sot,
Contre ce grand auteur de tramer un complot.

M. DE SOLANGE *serrant la main de Courville.*

Vous avez trop raison ! Je suis votre Mécène,
Et je vous fournirai plus d'une bonne scène.
Pourtant, comme en ces lieux, par un motif secret,
Je ne puis décemment découvrir mon projet,
Dans une heure au plus tard, muni de votre ouvrage,
Au café Tortoni faites-moi l'avantage
D'attendre ma voiture, afin qu'en mon hôtel,
Je convienne avec vous du point essentiel.

COURVILLE *étonné.*

Ce discours, je l'avoue, a de quoi me surprendre.

M. DE SOLANGE *poussant Courville.*

N'importe, allez-vous-en.... Je vous ferai comprendre....
Mais, je vous le répète, il est contre mes goûts
Que Singraphe à présent me rencontre avec vous.

COURVILLE.

(*A part, en s'en allant.*)

Allons, je m'y soumets.... Quelle bizarrerie !
Cela peut bien cacher quelque supercherie :
Il faut m'en éclaircir ; car, malgré le bon ton,
Cet homme si titré m'a l'air d'un grand fripon. (*Il sort.*)

SCÈNE VI.

LES PRÉCÉDENTS.

M. DE SOLANGE.

Ses insultes vraiment honorent sa franchise ;
J'avais certain plaisir à nourrir sa méprise :
Il sort bien convaincu de mon esprit vénal.

BELLEMAIN *en riant.*

C'est qu'il n'a pas voulu vous croire original.

M. DE SOLANGE.

J'admire en lui surtout son noble caractère,
Que n'a point infecté notre mode usuraire.
Son père eut dans la robe un grand nom à Rouen.
Eh ! parbleu, j'imagine.... Oui, c'est un très beau plan ;
J'ai dessein de l'unir à ma nièce Eugénie ;
Non qu'il faille employer la moindre tyrannie ;
Car en de tels liens j'aime à sonder le cœur,
Pour savoir si l'on peut y porter le bonheur.

BELLEMAIN.

Votre nièce, monsieur, est agréable et belle ;
Courville, en la voyant, s'enflammera pour elle.

M. DE SOLANGE.

Souviens-toi de le prendre à l'endroit convenu.

BELLEMAIN.

Pourquoi donc ces détours ?

M. DE SOLANGE.

                Pour n'être point connu.
Je prétends lui fournir un fonds de comédie,
Qui de Singraphe en tout nous retrace la vie :
Ne sachant qui je suis, il saura mieux m'aider
A forcer mon beau-frère à venir s'amender.

BELLEMAIN.

L'on arrive, monsieur ; montrez votre excellence.

SCENE VII.

LÉOPOLD, EUGÉNIE, Mme. SINGRAPHE,
M. SINGRAPHE, M. DE SOLANGE,
BELLEMAIN.

M. SINGRAPHE *à M. de Solange.*

Monseigneur, recevez mon humble révérence.
(*Il se baisse fort bas au vers suivant, et crie fort haut.*)
Comment peindre à vos yeux l'excès de mon orgueil !

Mme. SINGRAPHE *à son mari avec ironie.*

Oui, baissez-vous plus bas.

M. DE SOLANGE *à M. Singraphe.*

Mais quel superbe accueil !
Votre ame, j'en suis sûr, deviendra généreuse.

M. SINGRAPHE.

La place où je prétends est-elle avantageuse ?

M. DE SOLANGE *avec ironie.*

Vous ne pouvez, monsieur, y mettre un juste prix ;
Car la gloire et l'honneur sont de si beaux profits !

M. SINGRAPHE.

J'en serais amoureux, s'ils étaient plus palpables.

Mme. SINGRAPHE, *à son mari, à part.*

Toujours de ces aveux mesquins et pitoyables !

M. SINGRAPHE, *haut.*

Ma foi, je suis sincère.

M. DE SOLANGE *avec une ironie polie.*

On ne peut en douter.
D'être de votre avis j'ose bien me flatter.
Le ciel qui m'a doué d'un cœur tendre et sensible,
Grâce au sens du toucher ! me rend très accessible.
Loin d'affecter pour l'or un orgueilleux dédain,
Je cède, en l'estimant, au goût le plus humain ;
Puisqu'avec vous, monsieur, mon ame libérale
En obtient un plaisir que nul autre n'égale,
Celui de soulager tant de pauvres mortels !
(*Prenant avec sensibilité la main de Singraphe.*)
Leurs maux, vous le sentez, me sont tout personnels.

Mᵐᵉ. DE SINGRAPHE *à son mari.*

Vous êtes trop heureux qu'ainsi l'on vous protége !

M. SINGRAPHE *avec un air de finesse.*

(*A demi-voix.*)

Diantre ! je le crois bien !... A part certain manége.

Mᵐᵉ. SINGRAPHE *à part à son mari.*

Faites-nous grâce au moins de vos naïvetés.

M. SINGRAPHE, *à M. de Solange, avec une politesse comique.*

Allons, très poliment, j'achète vos bontés.

(*Changeant de ton.*)

Mais laissons de côté les mots de bienfaisance ,
Je les trouve au-dessus de notre intelligence.

M. DE SOLANGE.

Rappelez-vous, monsieur, qu'il vous faut oublier
Un ton qui semble fort celui d'un usurier.

M. SINGRAPHE *avec emphase.*

Cependant du commerce, à Rouen, j'étais juge ;
Et cela, je le dis, sans aucun subterfuge.

M. DE SOLANGE *avec ironie.*

Vous rendiez donc justice au nom de l'intérêt ?

M. SINGRAPHE, *naïvement.*

Il a pour nos amis dicté plus d'un arrêt.

M. DE SOLANGE.

Un magistrat peut-il, en pratiquant l'usure ,
Des lois sur ce chapitre exercer la censure ?...
Pour moi , je vous aurais vivement récusé.

M. SINGRAPHE *souriant.*

L'usage à vos dépens m'aurait favorisé.

Dans notre tribunal il était des confrères,

Qui n'avaient garde ainsi de se montrer sévères.

Mᵐᵉ. SINGRAPHE *regardant son mari.*

Quelle pauvreté !

M. SINGRAPHE *s'examinant.*

Quoi !...

Mᵐᵉ. SINGRAPHE.

Je n'y peux plus tenir.

Deviez-vous de ces faits garder le souvenir ?

Ah ! plût au ciel, monsieur, qu'ailleurs que dans la fable,

Certain fleuve d'oubli, de son eau secourable,

Vous eût, sans nul respect, tellement enivré,

Que par lui vous fussiez enfin régénéré !

M. DE SOLANGE *avec une politesse feinte.*

Tenez, monsieur Singraphe, en vous rendant justice....

M. SINGRAPHE *voyant sa femme qui grimace.*

(*Bas à M. de Solange.*)

Pour ma femme ce nom est un cruel supplice ;

Taisez-le, s'il vous plaît.

M. DE SOLANGE *avec un excès de politesse,*

C'est penser sagement.

Puisqu'il faut avec vous parler honnêtement....

Comme je me suis fait l'honneur de vous le dire....

Et certes, mieux que moi, vous sauriez m'en instruire....

M. SINGRAPHE, *croyant recevoir un compliment,*
fait un grand salut.

Vous voulez me flatter....

M. DE SOLANGE.

Je le dis sans façon ,
En véritable ami ; prenez un meilleur ton.

LÉOPOLD *avec une joie vive.*

Oh ! le vice est sensible, et ma joie est très grande
De voir que le premier j'en ai fait réprimande.

M. DE SOLANGE. (*A part.*)

Quel manque de respect! n'importe, il faut mentir.
(*Haut à Léopold , avec une ironie déguisée.*)
A ce contentement je ne peux qu'applaudir.
Ce qui m'étonne encor, c'est que même à votre âge ,
Votre père , monsieur , devrait vous rendre hommage.

LÉOPOLD.

(*A part.*)   (*A sa sœur.*)
Excellent jugement !... Certe, il est connaisseur !
(*A M. de Solange.*)
Comptez-moi désormais pour votre admirateur.

EUGÉNIE *avec ironie.*

Tout amour-propre à part , mon frère est fort modeste;
Suivant lui , n'a-t-il pas beaucoup d'esprit de reste ?

LÉOPOLD *avec fatuité.*

Oui , si je m'en mêlais , qui me croirait un fat,
De prétendre à l'emploi de conseiller d'état ?

EUGÉNIE, *avec ironie.*

Personne assurément n'oserait contredire ;
Vous en parlez si bien que cela doit suffire.

M. DE SOLANGE *à Léopold.*

Mais quant à votre père, il en est autrement :
Il ne peut à la cour se montrer décemment ;
Car le ton d'usurier qu'aujourd'hui l'on abhorre,
Dans ses moindres discours se manifeste encore.
Oui, pour être estimé, par un acte formel,
Il faudra qu'il me cède un titre personnel,
Qui seul pourra sauver la grande inconvenance,
Que fait appréhender sa fâcheuse présence.

M. SINGRAPHE *avec vivacité et ironie.*

C'est en termes plus clairs ma procuration
Que je dois vous donner et sans restriction.
(*Faisant un grand salut à M. de Solange.*)
Apprenez, monseigneur, que j'entends cette affaire ;
Que, même en bon Normand, je voulais être maire :
Tout Paris se souvient du sublime discours,
Qu'à la cour, à ces fins, sans le moindre secours,
Je lus pour ma commune en bonne compagnie.
(*S'adressant à son fils avec confiance.*)
Fis-je paraître alors de la parcimonie ?

LÉOPOLD.

Non ; mais je me rappelle.... il courut certain bruit....

EUGÉNIE, *avec vivacité et naïveté.*

Oh ! c'est bien vrai, mon père, et Rouen fut instruit,
Qu'après votre retour d'une telle ambassade,

Le chapeau, plus l'épée et l'habit de parade,
Furent portés par vous aux frais des habitants,
Qui de vous habiller furent bien mécontents :
Dans le pensionnat on m'en fit une injure ;
Et j'ai pleuré dix fois votre triste aventure.

M. SINGRAPHE, *à part, avec dépit.*

Quel caquet ! peste soit de sa naïveté !

M. DE SOLANGE, *prenant Singraphe par le bras, et le conduisant près de sa fille.*

Dans ses yeux innocents quel air de vérité !

M. SINGRAPHE *haussant les épaules.*

Ah ! c'est qu'elle est fort jeune et très inconséquente.

EUGÉNIE, *avec finesse, à M. de Solange.*

Moi, je n'en conviens pas.

M. DE SOLANGE *passant la main sous le menton d'Eugénie.*

Je la trouve charmante ;
Et, d'après ses aveux, je suis persuadé
Que par votre intérêt vous êtes obsédé.
(*S'approchant avec civilité de Mme. Singraphe.*)
Sur ce point délicat j'en appelle à madame,
Qui saura mieux que vous, puisqu'elle est votre femme,
Ce qui vous manque encore en grandeur, en vertu,
Pour être, sans mes soins, d'un titre revêtu.

Mme. SINGRAPHE *à son mari.*

Faut-il vous en prier ?.... acceptez l'avantage
D'être représenté par un grand personnage.

M. SINGRAPHE *faisant un grand salut à sa femme.*

Vous complaire, madame, est mon plus doux plaisir.
(*Changeant de ton.*)
Mais vous me permettrez de vous désobéir.
Comment, céder le droit de m'engager moi-même!
Eh ! si j'étais dupé par quelque stratagême.
(*A M. de Solange, avec un salut et une politesse comique.*)
Ce discours, monseigneur, ne doit point vous blesser;
Je parle des abus qui peuvent se glisser.
Le cœur d'un courtisan est un trésor d'intrigues.

Mme. SINGRAPHE.

De méchants mots aussi vos pareils sont prodigues.
Dans toute votre vie, il n'est que ce moyen
De vous faire passer pour un homme de bien.
Songez à vos enfants !... hâtez-vous de conclure,
Ou craignez avec moi la plus prompte rupture.

M. SINGRAPHE *haussant les épaules.*

Raisonnement de femme !... et tout le monde sait
Que chacun là-dessus agit comme il lui plaît.

Mme. SINGRAPHE.

Malgré ces vains propos, n'êtes-vous pas comptable,
Envers mon frère et moi, d'un bien considérable,
Dont vous faites sans bruit votre propriété,
Mais qui publiquement vous serait contesté ?

M. SINGRAPHE.

Laissez-moi sur ce point rêver plus à mon aise.

M. DE SOLANGE.
Je n'ai garde en cela que rien ne vous déplaise.

Contentez au plus tôt mon zèle impatient ;
Et surtout avec moi soyez plus confiant.
Personne à votre honneur si fort ne s'intéresse.
Oui, d'un frère vraiment j'ai toute la tendresse.

M. SINGRAPHE.

Que fait-là, dites-moi, ma procuration ?

M. DE SOLANGE.

Elle est le sûr garant de ma protection.
Et puisqu'il faut ici vous découvrir mon ame,
Sachez que cette ardeur qui près de vous m'enflamme,
Grâce au puissant crédit dont m'honore la cour,
Doit vous faire obtenir votre place en ce jour.
Avant tout, cependant, il est un sacrifice,
Que réclame de vous la sévère justice :
La réputation de célèbre usurier
Vous laisse un nom impur qu'il faut purifier ;
Voilà l'obstacle enfin qu'à la cour on m'oppose !
Je ne vois qu'un moyen d'en détruire la cause ;
C'est de m'autoriser, par votre engagement,
A lever sans retard ce triste empêchement ;
Pensant bien qu'à vous-même il serait impossible
De tenter cet effort par l'honneur exigible :
Change-t-on dans un jour et d'humeur et d'esprit !
Pourtant ignorez-vous que, sans un tel écrit,
Vous pourriez renier ce qu'aurait fait mon zèle,
Et sur mon front répandre une honte éternelle ?

M. SINGRAPHE.

Quel est donc, monseigneur, ce nouveau procédé?

M. DE SOLANGE.

Je n'ai sur cet objet encore rien décidé :
Mais soyez convaincu qu'avec vous je m'engage
A n'agir en tout point que pour votre avantage ;
Et que même ce soir vous serez satisfait.

Mme. SINGRAPHE *à son mari.*

Eh ! de grâce, une fois faites ce qui me plaît.

M. SINGRAPHE.

Ma femme, je me rends par pure complaisance.

M. DE SOLANGE.

Madame voudra bien, sur cette déférence,
Elle-même dicter la procuration ,
Qui me permet, monsieur , d'illustrer votre nom.

Mme. SINGRAPHE.

Nous allons de ce pas trouver notre notaire ,
Pour remplir de vos vœux le dessein salutaire.

M. DE SOLANGE *à M. Singraphe.*

J'espère à mon retour obtenir l'agrément
D'être votre avocat près du gouvernement.

(*Ils sortent.*)

FIN DU SECOND ACTE.

TROISIÈME ACTE.

SCÈNE Ire.

FLORIMEL *seul*.

Désormais à la cour je consacre mes veilles ;
C'est là qu'un médecin opère des merveilles !
Combien je m'applaudis du zèle bienveillant
Que je viens de montrer au seigneur Montbrillant !
Quel esprit généreux ! quelle illustre naissance !...
Sur cent doubles louis je compte par avance.
Bien plus, dans cet hôtel, de quel puissant appui
Pour la main d'Eugénie il va m'être aujourd'hui !...
Mais pourquoi ce retard ?... Je ne peux le comprendre :
Certes, c'est bien ici qu'elle devait se rendre.

SCÈNE II.

FLORIMEL, EUGÉNIE.

EUGÉNIE *avec étourderie.*

J'arrive en toute hâte, espérant en ces lieux
De satisfaire enfin mon desir curieux....
(*Elle regarde autour d'elle et aperçoit Florimel, à part
avec dépit.*)
Allons, je suis trompée.

FLORIMEL *prenant la main d'Eugénie.*

Oui, charmante personne,
Vous instruire est un soin qu'en tout j'affectionne.

EUGÉNIE.

Quoi! vous abuseriez d'un esprit ingénu,
Victime, il est trop vrai, du trompeur Bienvenu!

FLORIMEL *avec ardeur.*

Bientôt votre ignorance, ô ma douce Eugénie!
Va céder aux leçons de mon puissant génie.

EUGÉNIE.

Les médecins, monsieur, sont sujets à errer :
Ah! par eux j'ai bien peur de me voir enterrer!...
Mais, voulez-vous me plaire?

FLORIMEL.

Oui, rien n'est plus facile.

EUGÉNIE *avec naïveté.*

Dites-moi quand viendra le jeune homme Courville?

FLORIMEL *avec humeur, et s'échauffant par gradation.*

M'en préservent les dieux!... Vous avez un défaut
Qui doit faire rougir les filles comme il faut.
Craignez que ce désir, qui toujours vous tourmente,
Ne se transforme à l'heure en fièvre turbulente!...
Eh ! que serait-ce donc, si j'osais découvrir
Les maux que votre sexe eut toujours à souffrir ;
Lorsque de son démon la trop fatale envie
D'une humeur inquiète empoisonna sa vie?
> (Nota. *On placera quelques tableaux représentant la*
> *Curiosité sous des traits hideux.*)

Promenez un moment vos regards dans ces lieux;
> (*Il regarde les loges.*)

Ah! que d'horribles traits vont s'offrir à vos yeux!

L'Usurier.   4

Juste punition que reçoit une femme
De la terrible ardeur dont votre esprit s'enflamme !...
Tremblez, vous dis-je encor !...

EUGÉNIE *effrayée*.

Ciel ! vous me faites peur ;
Et jamais à vous voir je n'eus tant de frayeur !...
Dieu ! que vous êtes laid !...

FLORIMEL *prenant Eugénie dans ses bras.*

O ma chère Eugénie !
Oubliez avec moi votre injuste manie.

EUGÉNIE *cherchant à se débarrasser.*

Vous déchirez ma robe....

SCÈNE III.

LES PRÉCÉDENTS, CÉLESTINE.

CÉLESTINE *s'arrêtant au fond du théâtre, en voyant Florimel qui presse Eugénie.*

(*A part.*) Il faut examiner
Comment un médecin sait se passionner.

FLORIMEL *serrant fortement et par gradation la main d'Eugénie, qui veut la retirer.*

Laissez-moi cette main, qu'il faut que je consulte....
Ah ! si dans votre pouls.... d'un amour trop occulte,
Ainsi qu'Érasistrate, au jeu des battements,
Mon toucher découvrait les tendres éléments,
Non, jamais de mon art le salutaire usage
Ne m'eût favorisé d'un si doux avantage !

EUGÉNIE *criant.*

Vous me pressez bien fort.

FLORIMEL *avec ravissement.*

Oui , même malgré vous ,
Votre amour se dénote aux vifs élans du pouls !

EUGÉNIE *avec dépit, retirant sa main.*

Oh ! c'est trop abuser de mon esprit crédule :
Pour vous croire, docteur, suis-je assez ridicule ?

FLORIMEL *se jetant à ses genoux, et lui serrant tou-*
jours la main.

Plaisante-t-on jamais lorsqu'il s'agit du cœur ?
Le vôtre est agité par un puissant moteur :
La nature dans vous avec chaleur s'exprime ;
Si vous lui résistiez, vous en seriez victime....
Je le sens au toucher.... et ce tendre embarras....

CÉLESTINE *se plaçant promptement entre Florimel et*
Eugénie. (Avec ironie.)

Va remettre en vos mains mes innocents appas.

EUGÉNIE, *à part.*

Quel plaisir ! à la fin j'en suis débarrassée !

FLORIMEL *se relevant avec humeur, à Célestine.*

Pourquoi mal à propos troublez-vous sa pensée ?

CÉLESTINE *avec ironie.*

Je craignais que vos sens, par d'amoureux excès ,
D'une fièvre indocile éprouvant les accès ,
Sans respect pour les mœurs et la simple innocence,
N'eussent fait triompher l'impudique licence.

4.

Jugez de ses remords, si, dans un tel oubli,
Son honneur eût alors honteusement molli.
L'on vous connaît, messieurs, malgré l'hypocrisie
Qui de vos passions cache la frénésie ;
Et moi-même je sais, par plus d'un attentat,
Combien vous abusez des droits de votre état !

EUGÉNIE *avec vivacité et naïveté.*

Qu'entends-je ! dites-moi, vous a-t-il maltraitée ?
Par quel chagrin, madame, étiez-vous tourmentée ?

FLORIMEL *avec colère, à Célestine.*

Il est plaisant de voir ce zèle pour les mœurs,
S'établir chez des gens dont les soins séducteurs
Sur la pluralité font valoir leur empire,
Et qui.... Non, par ma foi, j'ai honte de le dire....
Désormais apprenez à garder votre rang ;
L'on ne peut pas toujours avoir son parler franc.

EUGÉNIE.

Quoi ! madame, à plusieurs seriez-vous mariée ?
Cela ne se peut pas, et j'en suis assurée.
Comment faites-vous donc ?

CÉLESTINE.

                    Sachez, ma pauvre enfant,
Qu'il est des entretiens que l'honneur nous défend ;
Qu'en ces lieux à propos le ciel m'aura conduite,
Pour vous sauver à temps d'une vive poursuite.
(*A Florimel, montrant Eugénie avec compassion.*)
Mais voyez sa candeur, auriez-vous eu le front
D'exposer son jeune âge au plus sensible affront ?

EUGÉNIE *à* *Célestine.*

Pourquoi vous écarter du point de ma demande ?
Vos faits redoutent-ils ma juste réprimande ?
Vous ne répondez pas ?

CÉLESTINE *embarrassée.*

De monsieur Bienvenu
Mon louable motif est en tout point connu :
Je le cherche.... Tenez, le voici qui s'avance.

SCÈNE IV.

FLORIMEL, CÉLESTINE, BIENVENU, EUGÉNIE.

EUGÉNIE *à* *Bienvenu.*

Arrivez donc, monsieur, avec votre éloquence.
Madame a grand besoin d'un habile avocat,
Pour m'expliquer au clair le nom de son état.
Moi, je n'y conçois rien.

BIENVENU *à Célestine,* *à part.*

Mais comment l'éconduire !
(*A Eugénie.*)
Ainsi sur toute chose il faudra vous instruire ?

EUGÉNIE *avec une gravité comique.*

Madame, dans Paris a-t-elle de l'emploi ?
Venons au fait ; surtout point de mauvaise foi.

BIENVENU.

Peste ! qui l'oserait auprès d'un tel génie !...,
Madame est à présent fille de compagnie.

EUGÉNIE.

Chez qui ?

BIENVENU.

Près d'une dame.... et même d'un grand prix!...
Dont l'époux se disait, de son vivant, marquis.
Orphise est le beau nom que porte la déesse.

EUGÉNIE.

Faites-moi grâce encor de votre gentillesse.
Quel est son vrai métier ?

BIENVENU.

Elle ! avoir un état !....
Fi, vous vous méprenez, vous dis-je....

EUGÉNIE.

En résultat,
Éclaircissez mon doute; à quoi s'occupe-t-elle ?

BIENVENU *toujours embarrassé par ses questions.*

Elle tient du bon ton une école nouvelle.

CÉLESTINE.

C'est chez nous que l'on voit tous ces anciens seigneurs,
Des brillants airs de cour vétérans précepteurs,
Qui, dès leur tendre enfance, ont sucé ces manières
Qui font le désespoir des races roturières ;
Seuls antiques dépôts de la tradition
Des divins agréments de l'éducation !
Aussi les jeunes gens, au sortir des colléges,
Y viennent du bel air prendre les priviléges.
(*A part, à Bienvenu.*)
Comment nous en défaire ?

EUGÉNIE *voyant Célestine qui parle bas à Bienvenu.*

On me cache un secret;

Mais de vos trahisons je préviendrai l'effet.

(*A Bienvenu.*)

Croyez-vous m'en revendre ainsi qu'à mon cher père,
Que vous trompez.... C'est sûr, et la chose est bien claire.

BIENVENU.

Supprimez ce discours, car il m'est personnel.
Qui vous l'a dit enfin ?

EUGÉNIE.

Mon instinct naturel.

BIENVENU *à Florimel, qui doit être absorbé dans ses*
rêveries depuis qu'il a parlé.

Je m'en rapporte à vous sur ma délicatesse,...
Vous êtes interdit !... Pourquoi cette tristesse ?...
Vous a-t-on mal reçu ?...

FLORIMEL *sortant brusquement de sa rêverie.*

Non, je suis en courroux
D'être ici compromis par de tels rendez-vous....

(*Il prend sa montre.*)

Avec vos vains propos l'heure s'est écoulée !
Et ma grande duchesse, à bon droit désolée,
Du plus cruel retard m'accuse en cet instant....
Ciel ! son dépit s'accroît.... le cas est important :
Victime d'une humeur d'une teinte jaunâtre,
Elle ne put hier se montrer au théâtre....
Eh ! quel spectacle encor !... Je cède à ce devoir,
Qui m'enlève, Eugénie, au plaisir de vous voir. (*Il sort.*)

SCÈNE V.

LES PRÉCÉDENTS.

BIENVENU.

Il sera votre époux; quel bonheur ! je l'espère :
Aussi c'est un présent qui vient de votre mère.

EUGÉNIE *avec dépit.*

C'est-à-dire, de vous, qui l'avez introduit :
Pour trafiquer mon cœur quel démon vous conduit ?

CÉLESTINE *bas à Bienvenu.*

Elle est folle, je crois.

BIENVENU *haut.*

Rien n'est plus véritable.

EUGÉNIE.

Comment, que dites-vous ?

BIENVENU *à Eugénie.*

Vous êtes incurable.
Mais bientôt, j'en suis sûr, nous allons voir quelqu'un
Qui nous délivrera de ce zèle importun.

EUGÉNIE *avec ironie.*

Et quel est ce quelqu'un ?

BIENVENU.

Léopold, oui, lui-même.

EUGÉNIE *souriant de pitié.*

Bien : alors nous verrons tout votre stratagême....
Mais quoi ! serait-il donc un de ces écoliers
De la dame chez qui se font les chevaliers ?

Il va de sa leçon avec mademoiselle
Sans doute répéter la noble kirielle.

BIENVENU *à part, à Célestine.*

Elle est femme d'avance, elle a le diable au corps.

EUGÉNIE.

De mon frère déjà je connais les transports ;
Et c'est bien mal à vous d'être assez malhonnête
De vouloir achever sa trop mauvaise tête.

CÉLESTINE *apercevant Léopold.*

Il vient ; faites-lui part d'un si doux compliment.

SCÈNE VI.

CÉLESTINE, BIENVENU, LÉOPOLD, EUGÉNIE.

LÉOPOLD *s'étant arrêté en entrant, a entendu les pa-*
roles de sa sœur.

(*Avec ironie.*)

Fort bien, ma bonne sœur ; allons, ingénument,
Livrez-vous au plaisir de chanter ma louange.

EUGÉNIE.

Ah ! vous nous écoutiez ?

LÉOPOLD.

Vous le trouvez étrange ?

EUGÉNIE.

Je le trouve fort mal ; rien n'est plus impoli.
Mais croyez-vous, monsieur, être un homme accompli ?
Rendez grâce à ce soin qui pour vous m'intéresse ;
Non, vous ne sentez pas jusqu'où va ma tendresse !
Publier vos défauts, c'est vous vouloir du bien.

LÉOPOLD.

Je vous dispense, moi, d'un pareil entretien.

EUGÉNIE *avec un ton satirique.*

Suffit-il d'être fat pour se croire adorable ?

LÉOPOLD *avec fatuité.*

Ce manque de respect est sans doute incroyable;
Rougissez, et sortez.

EUGÉNIE *avec malice.*

Eh bien, malgré vos airs,
Je vais dans tout Paris, dévoilant vos travers,
Dénoncer au public l'union criminelle
Qu'ici vous préparez avec mademoiselle,
Ou madame; en un mot on ne sait ce qu'elle est.

LÉOPOLD *bas à Bienvenu.*

Comment diable arrêter le flux de son caquet ?

BIENVENU *à demi-voix.*

La mort seule à ce sexe interdit la parole.

EUGÉNIE, *ayant entendu confusément, s'écrie avec un
effroi comique.*

Vous parlez de ma mort!...

BIENVENU *riant.*

Allons, vous êtes folle.

EUGÉNIE *avec un sérieux comique.*

J'ai trop bien entendu. Grand dieu ! quelle noirceur !
Mon père, je le crois, sera mon défenseur.
Bon, le voici; tant mieux !

(*Elle va au-devant de son père.*)

SCÈNE VII.

EUGÉNIE, M. SINGRAPHE, CÉLESTINE,
LÉOPOLD, BIENVENU.

LÉOPOLD.

Ciel ! mon père ! que faire ?
Il devait plus long-temps rester chez son notaire.

BIENVENU *à Léopold bas.*

Du mensonge, monsieur.

LÉOPOLD *bas à Célestine.*

Tirez-nous d'embarras.

CÉLESTINE *bas à Léopold et à Bienvenu.*

D'Orphise il faut vanter le crédit, les appas.

EUGÉNIE *conduisant son père devant Célestine.*

Examinez madame, et surtout sa tournure.

M. SINGRAPHE *après avoir considéré Célestine.*

En effet, dites-moi, quelle est cette aventure ?

LÉOPOLD *bas à Bienvenu.*

Qu'allez-vous inventer ?

BIENVENU *s'apercevant qu'Eugénie l'écoute par derrière.*

Parbleu, la vérité !
Tel journaliste anglais en serait enchanté !
(*A M. Singraphe.*)   (*A Célestine.*)
Apprenez donc ainsi.... Parlez, mademoiselle,
La bonne foi chez vous semble plus naturelle.

CÉLESTINE.

Vous voulez me flatter ; je hais les compliments.

EUGÉNIE.

De grâce, laissez-là ces vains amusements.
Au fait. Et vous, mon père, évitez d'être dupe.

CÉLESTINE *à Singraphe avec dignité.*

De vos seuls intérêts mon zèle ici s'occupe.

BIENVENU *bas.*

Bon, ce début me plaît.

CÉLESTINE *à Singraphe avec politesse.*

Vous faites des jaloux ;
Chacun cherche à vous voir....

BIENVENU *allant auprès de Singraphe.*

(*Bas.*)
Comment la trouvez-vous ?

(*A l'oreille.*)
Elle en use fort bien avec les gentilshommes.

SINGRAPHE *avec un peu de froideur.*

Son corps est assez beau pour le siècle où nous sommes.

BIENVENU *retournant à sa place, bas à Célestine.*

D'Orphise avec éclat parlez du haut crédit.

EUGÉNIE *avec vivacité.*

Mon père, je l'entends, Bienvenu vous trahit.

LÉOPOLD, *avec un air hypocrite, à son père.*

Par respect pour les mœurs ; ordonnez qu'elle sorte.

EUGÉNIE *à son frère, avec ironie.*

Vous êtes bien pressé de me voir à la porte :
Pour votre sang, monsieur, c'est montrer peu d'amour.

CÉLESTINE *avec ostentation à Singraphe.*

Je peux sur mes desseins vous parler sans détour.
Eh ! qui ne connaît pas la charmante marquise,
Si célèbre à Paris sous le beau nom d'Orphise ?
Est-il dame à la cour qui soit plus en faveur,
Et qui séduise mieux le rang et la grandeur ?
Aussi dans tout l'état nommez-moi quelque place
Où son art ne soit pas d'un pouvoir efficace ?
Car il n'est protecteur, du roi fût-il cousin !
Qui contre elle, en un mot, ne succombe à la fin.
Cette dame à servir se montrant des plus promptes,
A connu vos projets même à la cour des comptes :
Sûre d'en obtenir l'emploi de président,
Elle vous fait par moi l'offre d'un zèle ardent.

M. SINGRAPHE *avec politesse.*

Ce m'est beaucoup d'honneur.

EUGÉNIE.

Je vois là de l'intrigue :
Oui, c'est du Galbanum qu'ici l'on vous prodigue.
Monsieur de Montbrillant a plus de bonne foi,
Lorsque par son crédit il promet cet emploi.

CÉLESTINE.

Nul seigneur de ce nom ne nous rendit visite;
Et nous voyons tous ceux que la cour accrédite.

Ma maîtresse au surplus, pour preuve du succès,
Consent à recevoir d'avance tous ses frais.

BIENVENU à Singraphe.

Ce mot tranche sur tout, et votre affaire est sûre.

LÉOPOLD à part.

Il paiera mon présent.

M. SINGRAPHE à Bienvenu.

J'en accepte l'augure.

LÉOPOLD à part.

Je vais de mon collier faire un utile emploi.

    (<i>Haut.</i>)

Mon père est-il un fils plus prévenant que moi ?
Dès long temps je concerte avec madame Orphise
Les moyens d'accomplir cette belle entreprise :
Aussi, grâce à mes soins, chez votre bijoutier,
L'on vous a débité d'un très riche collier,
Lequel mademoiselle aura la complaisance
De rendre à sa maîtresse, et d'après l'assurance
Que nous sommes flattés de sa protection.

(Il remet le collier à Célestine.)

CÉLESTINE recevant le collier, et regardant Singraphe
avec douceur.

Je me rends à vos vœux par pure affection.

M. SINGRAPHE regardant le public.

    (<i>A part.</i>)

Peut-être ce moyen est le moins honorable....

    (<i>Montrant Célestine.</i>)

Mais elle a dans son port certain tour agréable....

EUGÉNIE *observant son père avec une naïveté comique.*

Vous mollissez, mon père, on le voit dans vos traits :
Non, maman à cela ne souscrira jamais.

LÉOPOLD *à son père.*

Faites-la donc sortir.... les mœurs et la morale!...

M. SINGRAPHE *à sa fille.*

Votre imprudent discours cause ici du scandale :
Allez-vous-en ma fille, on se moque de vous.
Obéissez, vous dis-je, ou craignez mon courroux.

EUGÉNIE *avec dépit.*

Puisque vous l'ordonnez, je me rends et par force.
(*A part en s'en allant.*)
Maman saura bientôt l'appât qui les amorce. (*Elle sort.*)

SCÈNE VIII.

M. SINGRAPHE, CÉLESTINE, LÉOPOLD, BIENVENU.

CÉLESTINE *à part.*

Bon : le père, à coup sûr, tombe dans nos liens.

M. SINGRAPHE.

De convaincre ma femme aurez-vous les moyens?
Monsieur de Montbrillant est pour elle une idole,
A qui dans tous mes droits il faut que je m'immole ;
Car de mes facultés par un acte public,
Il veut faire avec elle un très libre trafic.
Voyons, conseillez-moi, quel parti dois-je prendre?

CÉLESTINE.

Chez Orphise, monsieur, vous n'avez qu'à vous rendre.

Vous lui plairez beaucoup.... je le vois à vos yeux....
Et moi-même....

M. SINGRAPHE *s'approchant de Célestine avec un air*
galant et comique.

Eh bien !....

CÉLESTINE *lui souriant.*

Ah ! vous êtes curieux.....

(*Bas , mais assez haut , avec intention.*)
Ciel! j'allais me trahir !....

M. SINGRAPHE *avec satisfaction.*

Le sort me favorise !...

(*Voyant son fils qui l'examine, il prend un air réservé.*)
Allons, en tout honneur je veux voir la marquise.

(*A part.*)
Ce parti, je le crois, est encor le moins cher.

BIENVENU *bas à Léopold.*

Oh ! votre père en tient.

CÉLESTINE *à Singraphe.*

Oui, ce discours est clair.
Je vais de vos desseins prévenir ma maîtresse.

BIENVENU *à Célestine qui sort, bas.*

Vous emportez sur vous nos preuves de tendresse.

LÉOPOLD *la suivant.*

(*Bas.*)
Au nom de mon amour offrez-lui le collier.

CÉLESTINE *bas à Léopold.*

J'aurai pour vos plaisirs un soin particulier. (*Elle sort.*)

SCÈNE IX.

M. SINGRAPHE, LÉOPOLD, BIENVENU.

M. SINGRAPHE.

Bienvenu, maintenant, allez, par artifice,
De mon épouse, ailleurs, endormir la malice.
Vantez-lui son esprit, son très noble maintien ;
Sa beauté, sa jeunesse.... Elle vous croira bien !...
Ainsi notre baron , dans le soin qui l'occupe,
Peut chercher autre part le marché d'une dupe.
    (*A Bienvenu.*)
Mais mes mille louis ?...

BIENVENU *embarrassé*.

    (*A part.*) Bon, voici Bellemain.
(*A Singraphe.*)
Les moments nous sont chers ; suivons votre dessein.
                   (*Il sort.*)

SCÈNE X.

M. SINGRAPHE, BELLEMAIN, LÉOPOLD.

BELLEMAIN *avec emphase*.

Je viens vous annoncer , par ordre de mon maître,
Que sa noble excellence à vos yeux va paraître.
Son premier secrétaire accompagne ses pas.

M. SINGRAPHE *avec brusquerie*.

Eh ! laissez de côté ce galimatias ;
Son excellence ici n'étant plus nécessaire,
Je ne sens nul besoin de voir son secrétaire.

L'Usurier.   5

BELLEMAIN *étonné*.

Veillé-je, juste ciel !... Que dira sa grandeur ?

M. SINGRAPHE.

Elle dira, parbleu, que son grand serviteur,
Qu'on appelle Singraphe, a, crainte de surprise,
Eu recours au crédit d'une illustre marquise,
Qui, livrant ses faveurs, par pure affection,
Lui fait avoir l'emploi sans procuration.

BELLEMAIN *à part*.

Quel est cet incident ?

M. SINGRAPHE.

Cela vous déconcerte.
Tromper ne suffit pas ; mais il faut être alerte.

BELLEMAIN *avec malice*.

Cette dame, craignant les discours de Clio,
Par de bonnes raisons garde l'incognito.

LÉOPOLD *avec fatuité*.

Ah ! vous êtes savant, monsieur de l'antichambre.

BELLEMAIN.

Des épicuriens je pourrais être membre.

M. SINGRAPHE.

Que cela soit ou non au gré de vos souhaits,
Elle s'appelle....

LÉOPOLD.

Orphise.

M. SINGRAPHE.

Oui, monsieur le laquais.

BELLEMAIN.

De ce nom je n'ai pas la mémoire bien nette ;
De nos petits messieurs ce sera la grisette.

LÉOPOLD *avec fatuité et colère.*

Le fat m'adresse à moi ses termes outrageants !
Se voir ainsi jugé par de si sottes gens !
    (*Il tire son épée.*)
Il faut que dans ton sang une vengeance prompte....

BELLEMAIN *évitant l'épée et passant derrière Léopold.*

Je ne me bats jamais, je l'avoue, à ma honte,
Qu'à la façon, monsieur, des Grecs et des Romains,
En prouvant ma fureur par mes pieds et mes mains.

M. SINGRAPHE *retenant son fils.*

Prenez garde, mon fils, à de tels adversaires.

LÉOPOLD.

Eh ! vous n'entendez rien à ces sortes d'affaires.
Laissez-moi, s'il vous plaît.

BELLEMAIN.

        Monsieur de Montbrillant
Apaisera bientôt ce transport si bouillant.

M. SINGRAPHE.

Mais que tarde-t-il donc, puisque je suis en veine ?

BELLEMAIN.

De vous tant tourmenter ne prenez pas la peine.
Le voilà.

                                        5.

SCÈNE XI.

M. SINGRAPHE, M. DE SOLANGE, LÉOPOLD, BELLEMAIN, COURVILLE.

(Courville , en entrant , va se placer près d'un bureau, un peu éloigné de la scène ; il sort un cahier , et se met dans l'attitude d'un homme observateur et qui compose.)

M. SINGRAPHE.

(A lui-même.)   (A son fils, en lui prenant la main.)
Bon , j'y suis.... Gardons-nous de faiblir.

LÉOPOLD *haussant les épaules.*
Comment donc ?....

M. DE SOLANGE *à Singraphe, avec une élégante politesse.*

Ha, monsieur, laissez-moi vous fléchir !
Que je me veux du mal !... Ai-je une seule excuse,
Pour me justifier quand votre cœur m'accuse ?
Vous priver si long-temps du plaisir de me voir !...
Encor si j'ignorais que je suis votre espoir !...
Certes, le crime est grand !...

M. SINGRAPHE *l'interrompant brusquement.*
Trève de politesse.

M. DE SOLANGE.

Que ne puis-je exprimer quel sentiment me presse !
A quel prix j'ai placé le soin de votre honneur !

M. SINGRAPHE *avec une politesse ironique.*

Trop obligé sans doute envers votre grandeur,
Je la dispense, moi, d'un travail si pénible.

M. DE SOLANGE.

Oh! quel qu'en soit l'obstacle, il n'est rien d'impossible.

M. SINGRAPHE.

Hé bien, tranchons le mot : je ne suis plus d'avis
De vous voir pour mes droits imprudemment commis.
Une marquise enfin m'ouvre un chemin facile....

BELLEMAIN *avec ironie.*

O la grande merveille ! une femme fragile !

LÉOPOLD *s'avançant avec emportement vers M. de Solange.*

L'impertinent ! Monsieur, vous m'en ferez raison.

M. DE SOLANGE *avec sang-froid et politesse.*

Et de quoi, s'il vous plaît ?

M. SINGRAPHE *vivement.*

De votre trahison.

LÉOPOLD.

Non ; mais de l'insolence où, contre ma personne,
Un faquin de valet sans respect s'abandonne.

M. DE SOLANGE *toujours de sang-froid.*

Comment, dites-le moi, vous a-t-il outragé ?

LÉOPOLD.

Quoi ! vous ne savez pas que je suis engagé....
La chose est si publique !... avec cette marquise,
Dont mon père veut bien accepter l'entremise.

M. DE SOLANGE.

Je proteste en honneur qu'un si noble récit
N'était point parvenu jusques à mon esprit.

LÉOPOLD.

Quand tout Paris en parle, où sont donc vos oreilles ?

M. DE SOLANGE.

Je m'occupe fort peu de semblables merveilles.

LÉOPOLD *avec vivacité.*

Hé bien, vous vous battrez.

M. DE SOLANGE.

Vous êtes trop poli.

LÉOPOLD.

Un outrage pareil resterait dans l'oubli !...
Que dirait-on de moi ?

BELLEMAIN.

Mais n'allez pas si vite.

LÉOPOLD.

Impossible.

M. DE SOLANGE.

Apaisez l'ardeur qui vous agite.

LÉOPOLD *avec une pitié ironique.*

Vous avez le cœur bon; oui, je m'en aperçois....
Vraiment, c'est fort heureux....

M. DE SOLANGE.

Au moins pour cette fois,
Sur cette grande offense agréez mon excuse.

BELLEMAIN *d'un ton repentant, à genoux.*

Moi, de mes torts, monsieur, à genoux je m'accuse.

LÉOPOLD.

Me voilà satisfait.

M. DE SOLANGE *à M. Singraphe qui enrage.*

Loin de vous tourmenter,
Accordez-moi l'honneur de vous représenter.

M. SINGRAPHE.

Non, je n'en ferai rien. Dans mon ardeur extrême,
Je suis bien résolu d'opérer par moi-même.

M. DE SOLANGE.

Madame là-dessus ne sera point d'accord.

M. SINGRAPHE *se radoucissant.*

Vous vous trompez, seigneur, ou bien vous avez tort.
Ma femme m'obéit.

M. DE SOLANGE *avec exclamation et ironie.*

Elle est donc bien changée !

M. SINGRAPHE.

Sous les lois d'un époux elle est enfin rangée.

M. DE SOLANGE.

A l'impossible ainsi je n'ajoute point foi :
Je veux m'en assurer. Bellemain, avec toi,
Fais que madame ici daigne à mes vœux se rendre.

M. SINGRAPHE *arrêtant Bellemain.*

Non parbleu !

M. DE SOLANGE.

Mais pourquoi ?

M. SINGRAPHE *après un long repos.*

Je m'en vais vous l'apprendre.
Un noble médecin la visite à l'instant ;
Ses nerfs sont irrités... le fait est trop constant !

SCÈNE XII.

BIENVENU, M. SINGRAPHE, Mme. SINGRAPHE,
M. DE SOLANGE, LÉOPOLD, BELLEMAIN,
COURVILLE.

BIENVENU *arrivant tout essoufflé, à M. Singraphe,
et fort haut.*

Madame incontinent, malgré mon éloquence,
Jusqu'à vous voir, monsieur, pousse l'intempérance.

M. SINGRAPHE *embarrassé.*

O ciel ! je n'y suis plus.

M. DE SOLANGE *avec ironie.*

Vous vous troublez !

M. SINGRAPHE *d'un ton rassuré, mais contraint.*

Moi ! non.

Mme. SINGRAPHE *arrivant après Bienvenu.*
(*A son mari.*)

Puis-je savoir, monsieur, si c'est en votre nom
(*Se retournant vers M. de Solange en le saluant.*)
Que, loin de sa grandeur, on m'ôte l'avantage
D'applaudir à des soins d'un si noble présage ?
Par votre ordre ose-t-on, avec de vains discours,
M'éloigner de ces lieux par de méchants détours ?

M. SINGRAPHE *avec un air soumis, à part à sa femme.*

Paix, s'il vous plaît ; sachez qu'une belle marquise....

Mme. SINGRAPHE *à son mari, bas.*

Vous êtes un pauvre homme.... encore une sottise !

M. DE SOLANGE *à Mme. Singraphe, en la saluant.*

Peut-on mieux en juger !

M. SINGRAPHE *inquiet, s'approche de Courville, pour voir ce qu'il écrit. Courville, sans avoir l'air de le voir, se retourne et lui marche fortement sur le pied en gesticulant.*

Le pesant écrivain !

(*Il fait un geste comme pour lui donner un soufflet.*)

(*Bas.*) Qu'avec plaisir ici j'imprimerais ma main !

Mme. SINGRAPHE *promptement.*

Comment, que dites-vous ?

M. SINGRAPHE.

Je cause avec moi-même.

Mme. SINGRAPHE.

Pitoyable entretien !...

M. DE SOLANGE *à Mme. Singraphe.*

Quel cupide système !...

(*Singraphe s'est derechef approché de Courville, qui met du tabac sur ce qu'il écrit, et le lui souffle devant les yeux sans le regarder.*)

Mme. SINGRAPHE *à M. de Solange.*

Et quel aveuglement !...

M. SINGRAPHE *se frottant les yeux.*

Peste du maladroit !

Mme. SINGRAPHE *à son mari.*

Parlez-vous à vous-même ?

M. DE SOLANGE *en riant.*

Il faut que cela soit.

COURVILLE *avec chaleur à lui-même.*

Voilà bien l'usurier avec sa petitesse,
Portant dans tous ses goûts une avide bassesse !

M. SINGRAPHE *s'approchant encore de Courville, reçoit dans un mouvement d'agitation , un coup de son cahier.*

Mais que diable écrit-il?... Ouf !...

COURVILLE *avec un courroux philosophique , très haut.*

L'homme est curieux,
Il prétend s'élever, malgré tous ses aïeux,
Sans offrir à l'état le moindre sacrifice !

M. DE SOLANGE.

C'est que d'un gain sordide entretenant le vice,
Il voudrait des grandeurs faire un honteux calcul.

M. SINGRAPHE *avec abandon.*

Eh ! sans cela , messieurs , notre esprit devient nul.

Mme. SINGRAPHE *avec exclamation.*

Malheureuse! son ame est si bien entachée,
Qu'elle est envers l'honneur à jamais relâchée!

M. DE SOLANGE.

Madame , apaisez-vous : que , suivant nos desseins,
Sa procuration soit remise en mes mains.

M. SINGRAPHE *à M. de Solange , avec ironie.*

Rien que cela, ma foi, c'est une bagatelle ;
Moi-même je vais donc me mettre en curatelle!...
Messieurs, je vous le dis , non, je n'en ferai rien ;
Je suis assez sensé pour dissiper mon bien.

COURVILLE *regardant Singraphe, dans le feu de la composition, avec exclamation.*

C'est lui !...

M. SINGRAPHE *étonné.*

Qui ?

COURVILLE *regardant fixement Singraphe.*

Trait pour trait, le voilà bien mon homme !...
L'usurier endurci, dès l'instant je le nomme.

M. SINGRAPHE *à Bienvenu, en lui montrant Courville.*

Dites-moi, Bienvenu, quel est l'original
Qui là-bas parle, écrit, et le tout assez mal ?

BIENVENU.

Du seigneur Montbrillant il est le secrétaire.

Mme. SINGRAPHE, *prenant vivement son mari par le bras, le fait tourner de son côté.*

Pouvez-vous m'écouter, monsieur, sans commentaire ?

M. SINGRAPHE *d'un ton radouci.*

Certainement, ma femme.

Mme. SINGRAPHE.

Adorez-vous la paix ?

M. SINGRAPHE.

Dès long-temps pour l'avoir je me ruine en frais.

Mme. SINGRAPHE *apercevant dans la poche de son mari l'expédition de la procuration.*

Hé bien, très promptement, à part toute anicroche,
Donnez-moi cet écrit qu'on voit dans votre poche.

M. SINGRAPHE *poussant d'une manière comique l'ex-*
pédition au fond de sa poche.

Vous vous trompez....

Mᵐᵉ. SINGRAPHE.

Monsieur, vous me faites languir.

M. SINGRAPHE.

Mais....

Mᵐᵉ. SINGRAPHE *impatientée.*

Parlez, vous plaît-il enfin de m'obéir?

M. SINGRAPHE *sortant avec peine la procuration.*

(*A part.*)

Le voilà cet écrit, l'instrument de ma honte !

(*A M. de Solange.*)

Êtes-vous bien certain qu'il n'est point de mécompte ;
Que la place rendra de louables profits ?

M. DE SOLANGE *avec persuasion.*

Assurément, monsieur, je vous les garantis.

COURVILLE *à part, riant très fort.*

Que l'usure en ce corps se trouve enracinée !

M. SINGRAPHE *regardant Courville.*

A mes dépens, c'est sûr, il passe la journée.

(*S'adressant à M. de Solange, d'un ton de prédicateur,*
avec la procuration dans les mains.)

En recevant cet acte, apprenez le devoir
Que vous prescrit, seigneur, un si sacré pouvoir.
De tout sacrifier, même votre existence !
Envers moi faites-vous un cas de conscience ;
Car enfin de mes droits vous êtes investi,

Et vous pourriez me faire un très mauvais parti,
Si de ma confiance, usant par artifice,
Vous alliez vous brouiller avec notre justice.

BELLEMAIN.

L'on a pour mal agir trop de propension,
Sans en charger autrui par procuration.

M. DE SOLANGE *à M. Singraphe, qui a remis la procuration dans sa poche.*

Soyez-en convaincu : mais donnez-moi donc l'acte.

M. SINGRAPHE *avec un ton de vérité.*

Vous l'avez enlevé.... la chose est très exacte.

M. DE SOLANGE *lui montrant qu'il l'a remis dans sa poche.*

Moi, je le crois ici.

M. SINGRAPHE *tirant l'écrit de sa poche.*

Ciel ! je deviens distrait.

(Voyant que M. de Solange lui enlève l'écrit.)

Me voilà pris !

COURVILLE.

Tant mieux !

M. SINGRAPHE *regardant Courville.*

Mais quel esprit mal fait !

M. DE SOLANGE, *après avoir examiné la procuration, la remet à Bellemain.*

Bon, il n'y manque rien. Va-t-en chez mon notaire;
Dis-lui qu'habilement il presse cette affaire.

BELLEMAIN *sortant avec promptitude.*

J'y vole.

SCÈNE XIII.

LES PRÉCÉDENTS.

M. SINGRAPHE *ayant aperçu un air mystérieux entre*
M. de Solange et Bellemain.

L'on me trompe ; allons, il faut courir.

Mme. SINGRAPHE *l'arrêtant.*

D'un noble fait déjà l'on vous voit repentir !
Au moins soyez d'accord avec la bienséance.

M. DE SOLANGE *avec une politesse feinte.*

Je ne veux point, monsieur, gêner la confiance.
Si vous vous repentez d'un louable dessein,
J'y souscris volontiers, rappelons Bellemain.
Vous n'avez qu'à parler.... Oh ! rien n'est plus facile.

M. SINGRAPHE *avec vivacité.*
Soit....

Mme. SINGRAPHE *bas à son mari.*

Vous ne pensez pas, esprit trop mal habile,
Qu'on s'amuse de vous !

COURVILLE *se levant.*

(*A part.*) Je vois à son humeur
Que le mal qui le tient a percé jusqu'au cœur.

M. DE SOLANGE, *avec politesse, à M. Singraphe.*

Moi qui de vous tromper suis vraiment incapable,
Je veux que avec gloire un changement notable,
Comme un homme d'honneur vous illustre à la cour,
Et que cela soit fait avant la fin du jour.

FIN DU TROISIÈME ACTE.

ACTE QUATRIÈME.

SCÈNE Ire.

M. DE SOLANGE, BELLEMAIN.

M. DE SOLANGE.

Je suis impatient de voir mon cher beau-frère
S'illustrer par un fait d'un noble caractère.
Heureusement ma sœur, comblant tous mes souhaits,
Par ses soins empressés vient hâter mes projets.
Sans elle j'eusse en vain employé l'artifice.

BELLEMAIN.

Il va faire à l'estime un fort beau sacrifice.

M. DE SOLANGE.

Plus il doit lui coûter, plus je veux qu'il soit grand.
L'honneur ne s'obtient pas par un zèle apparent ;
Et pour entrer en grâce avec la renommée,
Il faut d'autres tributs qu'une vaine fumée.
Oh ! certes, là-dessus mes vœux seront remplis.

BELLEMAIN.

De votre bienveillance il saura trop le prix :
Dans une heure au plus tard l'acte extraordinaire
Doit être expédié par les soins du notaire.

M. DE SOLANGE.

Chez le ministre alors sois prompt à le porter,
Près de Singraphe encor je veux me présenter.
Je crains qu'il ne rétracte avec madame Orphise
Les pouvoirs dont mon zèle aujourd'hui s'autorise.

BELLEMAIN.

Mais sachez, qu'après nous, monsieur de Florimel
Vous a si fort vanté, d'un ton si naturel,
Que de votre beau-frère il aura sans nul doute
Dissipé les soupçons que votre esprit redoute.
Un médecin poète est un très beau parleur,
Et peut bien par hasard posséder un bon cœur.

M. DE SOLANGE.

Cependant il saura que, malgré ses instances,
Je ne seconde point les belles espérances
Que, pour avoir ma nièce, il établit sur moi :
J'y suis même opposant, je le dis, je le doi.
Dans mon hôtel bientôt ne va-t-il pas se rendre ?

BELLEMAIN.

Je l'ai fait prévenir ; mais il faudrait attendre,
Et même dans ce jour encore le flatter.

M. DE SOLANGE.

Au rang de ses amis ne pouvant me compter,
J'entends avec franchise au plus tôt l'en instruire,
Le payer grassement, et bien plus, sans lui nuire.

BELLEMAIN.

Eh ! le voilà qui vient à pas accélérés.

SCÈNE II.

M. DE SOLANGE, FLORIMEL, BELLEMAIN.

FLORIMEL.

Mes soins étant, dit-on, par vous fort désirés,
De suite en votre hôtel j'ai fait une visite ;
Là, j'ai su qu'on fêtait ici votre mérite.

M. DE SOLANGE.

Que vous êtes pressant !

FLORIMEL *avec vivacité*.

Vous ne sauriez languir.
Les gens faits comme vous n'aiment point à souffrir,
Dans l'animal....

M. DE SOLANGE *l'interrompant*.

Monsieur....

FLORIMEL *l'interrompant*.

Jusqu'aux moindres membranes,
Des nobles facultés j'ai traité des organes.
(*Voyant que M. de Solange s'impatiente.*)
Ne vous sentez-vous pas un trouble impatient ?

M. DE SOLANGE *avec vivacité*.

Oui, de vous voir, monsieur, un peu trop confiant.
Enfin je suis guéri, grâce à la Providence !
Mais j'entends vous payer de votre complaisance.

FLORIMEL.

L'honneur de vous servir est un trop digne prix.

L'Usurier.   6

M. DE SOLANGE *en riant.*

Sur la gloire à présent fondez-vous vos profits ?
La chose est bien étrange!... On vous croirait poète.

FLORIMEL *avec une modestie précieuse.*

Je ne mérite pas cette noble épithète.
(*Prenant le ton fier avec exaltation.*)
D'un poëme pourtant je suis fort glorieux;
Car du public instruit, malgré les envieux,
Il obtint dans le monde une vogue étonnante.
(*Regardant le public avec un air confiant.*)
Puisque l'occasion en ces lieux se présente ,
Je dois l'en applaudir, son goût lui fait honneur.
J'oublie en vérité l'amour-propre d'auteur.
Certe, un si bel ouvrage est digne qu'on l'admire!...
Que dis-je ? il a bravé l'impuissante satire !...
Oui, messieurs, le principe en est grand et profond :
On le croirait douteux..., mais mon art en répond.
Les dames vous diront qu'à bon droit on le nomme
L'art sûr de procréer le fœtus d'un grand homme.
S'il est vrai qu'en pratique il a peu de succès,
La faute est aux maris d'un esprit trop épais!

BELLEMAIN *avec un ton sérieux.*

Votre père, monsieur, savait-il la méthode ?

FLORIMEL.

J'en suis le créateur de plus d'une belle ode,
Qui m'a valu le nom de médecin du cœur.
La casse et le séné me sont même en horreur.
C'est par de beaux discours que je veux qu'on guérisse,
Et des vieux médecins je ne suis point complice.

M. DE SOLANGE *avec un air sérieux.*

De grâce apprenez-moi le prix de ces discours,
Qui sont pour les mortels d'un merveilleux secours.

FLORIMEL *s'excusant.*

Moi, taxer sa grandeur! quand son noble génie
Vient protéger mes droits à la main d'Eugénie!...
Je n'ai garde à ce point d'oublier le respect;
Mon esprit délicat me rend trop circonspect.

M. DE SOLANGE.

Malgré moi vous voulez....

FLORIMEL *ne le laissant pas achever.*

Ce n'est pas mon usage.
(*A part.*) D'un pareil procédé nous savons l'avantage.

M. DE SOLANGE *avec instance.*

Monsieur, délivrez-moi d'un pénible embarras.

FLORIMEL *s'excusant.*

Sa grandeur sent fort bien que je ne le peux pas.

M. DE SOLANGE *impatienté, mettant la main dans sa
poche avec vivacité.*

Je suis au fait, monsieur, j'entends votre formule,
    (*D'un air généreux.*)
Et voilà deux louis !...

FLORIMEL *changeant de visage, à part, avec pitié.*

Quelle offre ridicule !

M DE SOLANGE.

Acceptez, s'il vous plaît, ce trop faible tribut.

6..

FLORIMEL *témoignant par des gestes equivoques qu'il refuse cette somme, et saluant d'une manière ironique.*

(*A part.*) Oui, très faible....

M. DE SOLANGE insistant.

Ah! monsieur, laissez-là ce salut.
Vous me feriez rougir par votre politesse.

FLORIMEL refusant de recevoir.

(*A part, avec dépit.*)
Cet homme-là jamais n'a connu la noblesse.

M. DE SOLANGE feignant toujours, le presse vivement d'accepter.

Monsieur, je vous le dis, je suis fort entêté.

FLORIMEL à part, avec ironie.

Ce n'est pas par excès de générosité.

M. DE SOLANGE avec naïveté.

La somme, à votre avis, serait-elle trop forte?...
Vous poussez un peu loin les égards qu'on me porte.
(*Il prend la main de Florimel.*)
Acceptez, je l'ordonne.

FLORIMEL retirant sa main avec humeur.

Il est inconvenant
De vouloir que son goût soit le goût dominant.

M. DE SOLANGE.

De plus vous vous fâchez.... Quelle ame délicate!

FLORIMEL à part, avec dépit.

Si c'est un grand seigneur, son espèce est ingrate.
Moi qui pensais toucher au moins deux cents louis.

M. DE SOLANGE *jouant l'étonné.*

Pourquoi tant d'à-parté?... Me serais-je mépris?...

FLORIMEL *à part.*

Ce n'est qu'un nouveau riche.... Oui, plus je l'envisage.....
(*Haut, avec une espèce de mépris.*)
Fûtes-vous de tout temps un si grand personnage ?

M. DE SOLANGE *avec dignité.*

En doutez-vous, monsieur ?

FLORIMEL.

Que trop, pour votre honneur !...
(*Avec pitié.*)
Deux louis !... Rougissez d'un manque de pudeur.

BELLEMAIN *en riant.*

Vous n'avez rien fourni, j'en donne ma parole.

M. DE SOLANGE *avec ironie.*

A part quelques beaux mots qu'on apprend à l'école.

FLORIMEL *avec exaltation.*

Ma réputation !... la comptez-vous pour rien ?
Serais-je un routinier, un lourdeau praticien ?
Apprenez qu'on n'a pas reçu de la nature,
Par de puissants aïeux une noblesse pure,
Pour être enfin taxé comme un vieux roturier.
Et si vous êtes noble, il est fort singulier
Que dans une science en tout si libérale,
Par un don si mesquin vous portiez le scandale.
J'aurai deux cents louis !... Un célèbre avocat
Vous instruira bientôt des droits de mon état.
(*Il sort.*)

SCÈNE III.

LES PRÉCÉDENTS.

M. DE SOLANGE.

La scène est excellente, et je veux que Courville
A peindre Florimel aujourd'hui soit habile :
Mais pourquoi ce retard ? Sa pièce, il le sait bien,
Doit servir mon projet par un nouveau moyen.

BELLEMAIN.

Je suis très étonné qu'en cette circonstance
Ici même il n'ait pas fixé sa résidence.

M. DE SOLANGE.

J'ignore, à dire vrai, ce qui peut l'arrêter.

BELLEMAIN.

Le voilà.

SCÈNE IV.

LES PRÉCÉDENTS, COURVILLE.

M. DE SOLANGE à *Courville en riant.*

Contre vous j'étais près de pester.

COURVILLE.

Comment donc ?

M. DE SOLANGE.

Je ne puis maintenant vous le dire ;
Du docteur Florimel je crains trop le délire.
N'est-il pas de ces gens dont l'orgueil irrité
Se porte à la vengeance avec activité ?
Chez le ministre ainsi je me rends sans remise,
Pour y faire agréer ma sublime entreprise.

Quant à vous, dans ces lieux, profond observateur,
Des travers qu'on y voit soyez un franc censeur;
Pour les mœurs, au besoin, négligez le langage,
Et songez que ce soir il me faut votre ouvrage.

(Il sort avec Bellemain.)

SCÈNE V.

COURVILLE *seul.*

Grâce à son noble esprit, au gré de mes souhaits,
Outre un grand caractère et plusieurs bons portraits,
J'ai trouvé dans un jour, sans la moindre fatigue,
Le véritable nœud d'une nouvelle intrigue.
J'ignore néanmoins par quel motif puissant
Il montre pour Singraphe un zèle si pressant.
Le fourbe Bienvenu.... Mais on vient,... c'est lui-même:
Célestine le suit.... Quel est leur stratagême?...
Il faut les observer du fond du cabinet.

(Il entre dans un cabinet.)

SCÈNE VI.

COURVILLE, BIENVENU, CÉLESTINE.

(Dans le fond du théâtre on voit un boudoir richement décoré et illuminé, de plus une collation servie sur une table élégante, auprès de laquelle une bergère richement drapée.)

BIENVENU *à Célestine, en ouvrant les portes du boudoir.*

Le goût, convenez-en, n'est-il pas satisfait?

CÉLESTINE.

De cet arrangement l'admirable élégance
Est encore au-dessous de notre complaisance.

BIENVENU *en riant.*

Grâce à votre entremise, un certain bijoutier
Pourrait bien devenir notre unique héritier.

CÉLESTINE.

De Singraphe, on le sait, la fortune est si belle,
Que vos riches présents sont pour lui bagatelle.

BIENVENU.

Orphise, je le vois, en se rendant ici,
Prétend avec le fils charmer le père aussi,

CÉLESTINE.

Bien plus, de Léopold elle en a la parole.
Je ne plaisante point.

BIENVENU.

Engagement frivole.
Mais diantre, voulez-vous sur cet autre mouton,
Contenter sans pitié votre appétit glouton?

CÉLESTINE.

Qu'importe! S'il obtient par la faveur d'Orphise
La place qu'il n'aura que par son entremise,
Et cela moyennant son simple déboursé.

BIENVENU *avec ironie.*

Vraiment c'est un bon cœur, très désintéressé;
Mais pour qui, dans l'amour, il n'est rien d'agréable
Que le moyen d'en faire un emploi profitable.

CÉLESTINE *avec dignité.*

La marquise est honnête en tous ses procédés;
Loin de hâter les faits par des goûts décidés,

D'aller à corps perdu , sans raison, sans sagesse,
Montrer pour les plaisirs une lâche faiblesse ,
Elle sait opposer un précieux retard ,
Et dans tout se conduit par les règles de l'art.

BIENVENU.

Si le diable eût tenté de me changer en femme,
De tout j'eusse fait or ainsi que votre dame.

(*Il tire sa montre.*)

L'heure approche bientôt, où nos tendres amants
Vont porter dans ces lieux leurs doux empressements.
Des apprêts de l'hymen préparons-leur l'ébauche.

COURVILLE *sortant du cabinet un cahier à la main.*

(*A part.*)

Si vous voulez traiter une affaire en débauche ,
Pour qu'il n'y manque rien , chargez-en ce fripon.

CÉLESTINE *entendant le dernier mot et riant.*

Par métaphore on a prononcé votre nom.

COURVILLE. (*A part.*)

L'impudent raille encor d'une façon cruelle.

BIENVENU *apercevant Courville.*

(*A part.*)   (*Haut à Courville.*)
Au diable soit l'auteur !... Quelle bonne nouvelle ?

COURVILLE.

La dépravation qui règne en ce logis !...

BIENVENU *avec un air contrit.*

Cela n'est pas nouveau.... Tous les jours j'en gémis.
Ciel ! quel affreux scandale !... Il faut bien que je crie.

(*A un laquais.*)   (*A Courville avec un air contrit.*)

L'Olive, m'entends-tu ?... J'en ai l'ame flétrie !...

(*Au laquais.*)

Va chercher avec choix ces vins délicieux,

Ces glaces, ces liqueurs qui ravissent les yeux :

Nous en ferons bientôt un précieux usage.

COURVILLE *en voyant les apprêts faits dans le boudoir.*

Est-ce un culte qu'on rend même au libertinage ?

BIENVENU *avec un ton de tartufe.*

Et qui pis est, monsieur, sous le toit paternel !

COURVILLE *avec une ironie sévère, et serrant fort*
le bras de Bienvenu.

Laissez-là ce ton faux, parlez en criminel.

BIENVENU *secouant son bras.*

Vous plaisantez fort mal, monsieur l'auteur comique ;

Le goût vous interdit cette façon tragique.

COURVILLE *s'approchant de Bienvenu, avec menace.*

Je veux vous corriger.

BIENVENU *se reculant.*

D'écouter vos discours

Je n'ai pas le loisir ; pourtant, sans mon secours,

De ce superbe hôtel auriez-vous eu l'entrée ?...

Oui, si je m'en croyais.... ame dénaturée !...

Bon ; voici Léopold.

SCENE VII.

COURVILLE, LÉOPOLD, BIENVENU,
CÉLESTINE.

LÉOPOLD *sans voir Courville, à Bienvenu qui est allé*
au-devant de lui.

Voyons, tout est-il prêt ?
(*Examinant les liqueurs et les vins.*)
Orphise viendra-t-elle ?.. Ah ! bien, ceci me plaît.
Mon père par mes soins dans peu, pour plus d'une heure,
Doit s'occuper ailleurs d'une affaire majeure.

COURVILLE *à part.*

C'est ce qu'il faudra voir.

CÉLESTINE *à Léopold.*

Mais sachez que quelqu'un
Dans vos vœux, malgré nous, se rend fort importun.

LÉOPOLD *avec fatuité.*

Qui pourrait se permettre une semblable audace ?

COURVILLE.

C'est moi, qui ne crains pas de vous le dire en face.
Comment, chez votre père un pareil rendez-vous !...

CÉLESTINE *avec vivacité à Courville.*

Arrêtez s'il vous plaît, monsieur l'auteur ; tout doux :
Je vous dispense, moi, de faire notre éloge.
Sait-on chez vos pareils où la bonté se loge ?
Orphise a des vertus....

LÉOPOLD *avec vivacité et fatuité.*

Et le goût le meilleur.

Ne le savez-vous pas, je suis l'homme en faveur.

COURVILLE *à Léopold qui se promène avec fatuité.*

Elle est veuve; autrement, vous la croiriez vestale.

LÉOPOLD.

Mes moments me sont chers. Laissons cette morale ;
Ou, si vous le voulez, revenez à minuit ,
Puisqu'à dormir enfin notre sort nous réduit.

COURVILLE.

Ne peut-on vous parler ?

LÉOPOLD. *distrait.*

Une affaire importante
Me force....

COURVILLE.

Il faut monsieur que je vous complimente.....
(*Léopold s'arrête à ces mots.*)
Sur le grand intérêt que vous prenez à moi.

LÉOPOLD *trompé dans son attente.*

(*A part avec humeur.*) (*Haut.*)
Ah ! le maudit parleur ?... Je m'en vais , je le doi.

COURVILLE *à part.*

Je connais le moyen de te rendre traitable.

(*Haut.*)
En grâce, écoutez-moi.... Je vous trouve admirable.

(*Léopold qui marchait sans l'écouter, s'arrête avec
complaisance.*)
Quelles formes! quel air !... Le merveilleux habit !...
Quel est votre tailleur ?... Il vous doit son crédit.

LÉOPOLD *s'admirant avec complaisance.*

Ah! fort bien!... Mon ami!... Délicieux Courville!

COURVILLE.

Quel artiste à la danse est plus que vous habile ?...
Pardon, votre tournure est d'un goût à ravir !...
Mais j'abuse du droit de vous entretenir.

LÉOPOLD *toujours en s'admirant.*

Moi !... je suis tout à vous.... contemplez ma personne.
Rien ne m'appelle ailleurs....

CÉLESTINE.

Allons, il s'abandonne.

COURVILLE.

Je connais un seigneur qui vous estime fort.

LÉOPOLD *avec fatuité.*

Il n'est pas le premier : nous en sommes d'accord.
Comment se nomme-t-il ?

CÉLESTINE *à part, à Léopold.*

Oubliez-vous Orphise ?

LÉOPOLD *à Célestine avec froideur, et donnant toute
son attention à Courville.*

Je le sais, oui, de moi toujours elle est éprise.

COURVILLE *avec lenteur.*

Ce grand admirateur s'appelle Montbrillant ;
Il porte à si haut point son zèle bienveillant,
Qu'il voudrait vous donner, et cela pour vous plaire,
Une leçon au moins qu'il vous croit salutaire....

Il est homme d'honneur ; et , bien loin d'être fat ,
Il met même en oubli mille actions d'éclat.

LÉOPOLD *commençant à s'ennuyer , bas à Célestine ,*
qui lui répond par un branlement de tête.

Orphise , dites-moi, n'est point encore venue ?

COURVILLE *avec enthousiasme.*

Croiriez-vous que pour moi sa grande ame est émue !...
Qu'il admire mon goût ! me donne un esprit droit!...
Vous êtes enchanté !...

LÉOPOLD , *pendant les vers précédents , s'est laissé*
tomber dans un fauteuil.

(*En bâillant.*) Je trouve qu'il fait froid.

CÉLESTINE *à Bienvenu.*

Il faut le réchauffer.

BIENVENU *bas à Léopold.*

Monsieur , l'heure s'approche.

LÉOPOLD *se levant avec précipitation.*

Je m'expose sans doute au plus sanglant reproche.
(*A Courville , avec dépit.*)
Avouez-le pourtant, n'est-il pas malheureux
D'avoir à supporter les propos des fâcheux ?

COURVILLE *froidement.*

Oui, si l'on est pressé par quelque grande affaire.

LÉOPOLD *à Courville.*

Mais en grâce, de vous ne peut-on se défaire ?

COURVILLE *à part.*

Pour avertir Singraphe il faut le contenter.

(*Haut.*)

Je ne puis à vos traits plus long-temps résister.

(*A part, en s'en allant.*)

Je pars.... Sans plus tarder envoyons-lui son père.

(*Il sort.*)

SCÈNE VIII.

LÉOPOLD, CÉLESTINE, BIENVENU.

CÉLESTINE.

Il est enfin sorti ; sa langue de vipère,
Grâce au droit de médire, agrément de son art,
Déchire sans pitié, toujours même au hasard,
La réputation.... et la moins effleurée !...
Aussi chez ma maîtresse il n'a plus son entrée.

BIENVENU.

Déjà je me repens de l'avoir introduit.

CÉLESTINE *regardant Bienvenu.*

On croirait que le diable en ces lieux l'a conduit.

LÉOPOLD.

De mon père à présent je vais avec instance,
Pour deux heures au moins éloigner la présence.
(*Il veut sortir, et voit son père.*) (*A Bienvenu avec vivacité.*)
Juste ciel, le voici !..... Fermez donc le salon.

(*Bienvenu va fermer les portes du salon donnant sur le boudoir.*)

SCÈNE IX.

LES PRÉCÉDENTS, EUGÉNIE, M. SINGRAPHE.

EUGÉNIE *arrivant la première avec un air espiègle, et soupçonnant qu'on lui cache quelque mystère.*

Ah! mon père! à marcher je vous trouve bien long.

Avancez ; l'on vous trompe ; on vient de m'en instruire.

(*A Bienvenu qui la fixe.*)

C'est ma femme-de-chambre, osez la contredire ?

LÉOPOLD *avec pitié.*

Croyez-vous un enfant ?

EUGÉNIE *montrant Célestine.*

Que fait madame ici ?

CÉLESTINE *avec un ton modeste.*

Je suis fille d'honneur.

EUGÉNIE *avec vivacité.*

Elle vous trompe aussi.

CÉLESTINE *à Singraphe.*

J'ignore en vérité l'art de me contrefaire ;

Je n'ai d'autre motif que celui de vous plaire.

Ma maîtresse avec vous désire un entretien.

M. SINGRAPHE *avec politesse, à Célestine.*

J'en suis reconnaissant.

EUGÉNIE *est allé visiter les cabinets ; apercevant de la clarté dans le boudoir, elle en ouvre les portes avec exclamation et en riant.*

Allons, cela va bien ;

Le trait est fort comique. Agréez le message.

(*Elle va prendre son père, et le conduit au boudoir.*)

(*Avec ironie.*)

Oui, c'est pour vos beaux yeux qu'on fait cet étalage !

(*Revenant vers son frère avec un air grave et comique.*)

Et vous, sans nulle honte, être licencieux !...

Mener ce train de vie !... et cela sous mes yeux !...

J'en rougis.... et pourtant je ne suis pas rigide.

(*A son père, avec vivacité.*)

Aussi, pourquoi, monsieur, lui lâchez-vous la bride ?

LÉOPOLD *en colère.*

As-tu bientôt fini cette péroraison ?
Petit serpent femelle!...

M. SINGRAPHE *à son fils.*

Elle a très fort raison.

Vous abusez, monsieur, de la grande faiblesse
Où m'a réduit pour vous l'excès de ma tendresse.
Ainsi vous vouliez donc, sous un prétexte vain,
M'éloigner de ces lieux, pour être libre enfin
De satisfaire ici votre ardeur criminelle !

CÉLESTINE *à Bienvenu, à part.*

Cela tourne assez mal : il faudra que chez elle
Orphise se dispose à passer mieux son temps.

(*Au public, en s'en allant.*)

Je me console, au moins , nous tenons les présents.

(*Elle sort.*)

EUGÉNIE.

Elle s'en va, tant mieux !

SCÈNE X.

EUGÉNIE, M. SINGRAPHE, LÉOPOLD,
BIENVENU.

M. SINGRAPHE *à Léopold interdit.*

Que pourriez-vous répondre ?

EUGÉNIE *avec naïveté, à son père.*

Eussiez-vous plus d'esprit, croyez-vous le confondre ?

L'Usurier. 7

LÉOPOLD *sortant de sa rêverie, par boutade.*

Sans contredit un père est un être à la fois
Injuste et singulier; si l'on suivait ses lois,
Nous autres jeunes gens, perdus dans la sagesse,
Devrions imiter l'impuissante vieillesse,
Tenir à pas glacés la route des plaisirs,
Et d'après ses dégoûts régler tous nos désirs.
Ah ! si j'avais un fils, dans ses tendres caprices,
De ma jeunesse alors rappelant les délices,
Que pour lui je serais un père accommodant !

M. SINGRAPHE *avec un air grave.*

Apprenez qu'au travail je fus toujours ardent;
Car lorsque mon destin m'unit à votre mère,
J'allais, avant le jour, traiter une autre affaire.

EUGÉNIE *avec naïveté.*

Mon père, à dire vrai, vous eûtes très grand tort,
Et sur votre travail je ne suis point d'accord.

(*Avec une ironie sérieuse, en montrant son frère.*)
Mais parlons de bon sens, serait-il raisonnable
Qu'un jeune homme bien fait, d'une figure aimable,
Qui par de beaux travers peut se faire valoir,
Perdît ses agréments dans un fâcheux devoir?
Ne lui vantez donc point votre genre de vie ;
Votre ame par routine y semblait asservie.
Voyez-le qui vous dit : Possédez mes talents,
Vos goûts avec les miens seront plus ressemblants.

M. SINGRAPHE *regardant le public.*

Quand je voudrais répondre à ces impertinences,
Ce serait ajouter de nouvelles offenses.

Que mon exemple, au moins, instruise à l'avenir
Ceux qui, par leurs enfants, se laissent avilir.

EUGÉNIE *apercevant Florimel.*

Le docteur Florimel !... Ah ! qu'il a l'air sinistre !...
De la mort on dirait qu'il vient d'être ministre.

SCÈNE XI.

EUGÉNIE, M. SINGRAPHE, FLORIMEL,
LÉOPOLD, BIENVENU.

FLORIMEL *arrivant avec un air effaré, à Singraphe.*

Rendez grâces au ciel !...

EUGÉNIE.

Je tremble.

M. SINGRAPHE.

Expliquez-vous.

FLORIMEL *avec des repos marqués.*

Je l'avais bien prédit qu'il nous tromperait tous !...
Cet illustre seigneur, prodigue.... en hyperbole....
De votre femme enfin cette superbe idole....

M. SINGRAPHE *impatienté.*
Eh bien !...

FLORIMEL.

Ce très haut....

M. SINGRAPHE *avec vivacité.*

Quoi !...

FLORIMEL.

Ce baron prétendu....

M. SINGRAPHE *promptement.*
Qu'est-il donc?

7..

FLORIMEL *très haut en s'approchant de Singraphe.*

Un grand fourbe !

M. SINGRAPHE *alarmé.*

O ciel ! je suis perdu !...

(*Avec dépit.*)

Pourquoi ma femme a-t-elle une mauvaise tête ?

EUGÉNIE *à Florimel, avec ironie.*

Vous l'avez tant prôné ! rien n'était plus honnête !

FLORIMEL *avec importance et dépit.*

Quoi ! m'offrir deux louis pour un grand traitement !...
Un seigneur m'eût-il fait ce pauvre compliment ?

EUGÉNIE *avec ironie.*

A tourner à tout vent la girouette est moins prompte.

FLORIMEL.

Aussitôt cet affront, qui le couvre de honte,
J'ai visité la cour, interrogé marquis,
Barons, comtes et ducs, tous gens de mes amis ;
De ce faux Montbrillant pas la moindre nouvelle ;
Chacun avait sur lui la mémoire infidelle.

M. SINGRAPHE.

Que dire !... N'a-t-il pas ma procuration ?
De sa ruse il aura consommé l'action !...

(*A Bienvenu.*)

Et mes mille louis ?

BIENVENU *éludant la question.*

Le tour est peu comique.

FLORIMEL.

Courville est, qui pis est, poète dramatique.

BIENVENU.

Je le savais.

M. SINGRAPHE.

Pourquoi nous avoir empêtrés
De ces gens sans pudeur, par le diable engendrés ?

FLORIMEL.

D'un auteur affamé craignons la médisance.
Apprenez qu'en sortant pour venger mon offense,
J'ai su par un ami son horrible dessein.
Sur vos vices honteux ce poète inhumain,
En déguisant nos noms, mais avec perfidie,
N'a-t-il pas méchamment fait une comédie ?

BIENVENU *à part.*

Jouons, il en est temps, un tour de mon métier.

FLORIMEL *en toisant Singraphe.*

Son personnage en titre est un grand usurier,
Engraissé froidement du sang de ses victimes.
Moi, né noble, docteur, de parents légitimes,
J'y suis un descendant.... je ne peux l'exprimer.
Et Bienvenu, grand Dieu !... dois-je aussi le nommer ?...
Non ; car la vérité me paraît trop horrible.

BIENVENU *à part.*

Je vais avoir sans doute un succès infaillible.

EUGÉNIE *à Florimel.*

Que dit-il de mon frère ?

FLORIMEL.

D'un air éventé,
Il en fait un héros d'imagination.

EUGÉNIE *sautant et riant.*

C'est cela !... Cet auteur saisit bien la nature.

LÉOPOLD *en colère.*

L'insolent me paîra cette méchante injure ;
J'enverrai chez les morts et poète et baron.

BIENVENU.

Du sang-froid, s'il vous plaît ; comme je suis poltron,
Je pense qu'en douceur il faut prendre Courville,
Offrir deux cents louis, s'il est assez docile
Pour vouloir devant nous mettre sa pièce au feu.
L'auteur de Turcaret, me dira-t-on, morbleu,
N'y consentit jamais, malgré de fortes sommes,

FLORIMEL.

Il était glorieux.

BIENVENU.

Autres temps, autres hommes.
Monsieur Singraphe ainsi va me compter l'argent.

M. SINGRAPHE *avec une humeur exaltée.*

Je m'en garderai bien.... Quoi de plus outrageant !..
(*Regardant le public.*)
Serait-il, parmi vous, des gens assez bêtes
Pour nourrir à leurs frais ces auteurs malhonnêtes,
De tout temps ennemis des droits les plus sacrés,
Par l'ardeur de blâmer, sans cesse dévorés ;
Pour mieux vous épier, véritables chenilles,
Qui cherchent en rampant les secrets des familles,
Et qui, peignant vos mœurs dans de prétendus vers,
Vont de votre conduite instruire l'univers ?...

Non, je ne le crois pas. Une telle insolence
Devant les tribunaux aura sa récompense.

BIENVENU.

Certes, vous oubliez qu'avant le jugement,
Si contre un homme adroit vous l'avez aisément,
La pièce aura déjà, grâce aux traits de satire,
Tout le succès qu'il faut pour que l'on vous déchire.
Ce fait est démontré. Le monde est si malin,
Que vous devez de suite approuver mon dessein;
Après quoi vous irez, pour avoir la justice,
De votre procureur employer l'artifice.

M. SINGRAPHE.

C'est bien dit : je m'y rends.

BIENVENU.

Partons sans plus tarder.
(Ils sortent.)

SCÈNE XII.

EUGÉNIE seule.

Maintenant je n'ai point de secret à garder;
Personne ne m'écoute.... Oui, j'adore Courville.
En amour, dira-t-on, vous êtes bien facile :
Oh ! c'est bien vrai, d'accord, je ne le connais pas;
Mais il n'en met pas moins mon cœur dans l'embarras.

FIN DU QUATRIÈME ACTE.

CINQUIÈME ACTE.

SCÈNE Iʳᵉ.

COURVILLE, BIENVENU.

BIENVENU *entre seul sur la scène, et aperçoit Courville.*

Je ne me trompe point ; voilà l'auteur Courville,
Que je viens de chercher jusqu'au fond de la ville.
　　(*A Courville.*)
Quel mauvais conseiller vous conduit en ces lieux ?

COURVILLE.

Quel autre que vous-même ?

BIENVENU.

　　　　　　Oui, j'étais curieux
De connaître aujourd'hui votre docte demeure ;
J'y voulais terminer une affaire majeure.

COURVILLE.

Venez au fait.

BIENVENU.

　　　　Comment ! vous ne rougissez pas !

COURVILLE.

Finirez-vous bientôt ce galimatias ?

BIENVENU.

Eh quoi ! sans encourir ma plus terrible haine,
Prétendez-vous aussi me jouer sur la scène ?
Mais on vous confondra devant les tribunaux.

COURVILLE.

Non, jé ne le crois pas : vous avez des défauts,
Des vices dangereux, qu'un poète doit peindre.
    (*Avec exaltation.*)
Et puisqu'enfin nos lois ne peuvent les atteindre,
Vengeons donc l'équité par nos mordants écrits,
Des crimes qui sans nous resteraient impunis !

BIENVENU.

Il est d'autres moyens : la chute de la pièce
Vous fera repentir de votre hardiesse.
Je vous aime, pourtant ; je vous dois un aveu :
Croyez-en votre ami, mettez l'ouvrage au feu.

COURVILLE *avec un air confiant.*

Vraiment !... Du fond du cœur tenez-vous ce langage ?

BIENVENU.

(*A part.*)
Quoi ! vous en douteriez !... Allons, il devient sage.

COURVILLE *avec ironie.*

Hé bien, mon tendre ami, j'affronterai la mort.

BIENVENU.

De suivre ce parti vous auriez très grand tort.
Deux cents louis, monsieur, me semblant bons à prendre,
De votre pièce ainsi consoleront la cendre ;
Et comme il est d'accord de nous les partager,
Je tiens à ce succès qui n'offre aucun danger.

COURVILLE *avec mépris.*

Doit-on vous reprocher cette basse pensée ?
Mon ame, à dire vrai, n'en est point offensée :
Ainsi jugez, monsieur, jusqu'où va mon mépris.

BIENVENU.

De vos petits talents vous êtes bien épris :
Chaque auteur là-dessus me semble incorrigible ;
Mais vous serez sifflé.

COURVILLE.

La chose est impossible.
Vous-même en conviendrez : j'ai la pièce sur moi ;
Je n'exige de vous qu'un peu de bonne foi.

SCÈNE II.

EUGÉNIE, COURVILLE, BIENVENU.

EUGÉNIE *entrant sans être aperçue, va se placer près*
d'un cabinet, pendant que Courville tire sa pièce de
sa poche, à part.

Entrons ; l'on m'a dit vrai, voilà monsieur Courville....
Je brûle de le voir.... Cela n'est pas facile....
Si j'avançais un peu, je pourrais me trahir.

COURVILLE *en feuilletant son cahier.*

Je commence par vous, je m'en fais un plaisir....
(*Avec ironie.*)
Le fourbe Bienvenu, c'est ainsi qu'on vous nomme.

EUGÉNIE.

(*Avec vivacité, à part.*) (*Voyant la figure de Courville.*)
La bonne vérité ! Je vois un beau jeune homme.

COURVILLE *feuilletant toujours son cahier.*

Je ne vous trouve pas.... L'on parle ici d'honneur.

EUGÉNIE *à part.*

Il va lire, écoutons.... C'est un charmant auteur,
Un fort gentil poëte !... Il montre un air bien tendre.

COURVILLE *entendant le dernier vers , se tourne vers*
Bienvenu , avec ironie.

Monsieur se divertit.... Non , je ne puis comprendre....
Voici bien un portrait où j'ai tout inventé....

BIENVENU *regardant Courville avec pitié, à part.*

Cela veut être fier.... C'est une pauvreté !

COURVILLE *fort haut, avec ironie.*

Il est vrai que j'en parle au gré de mon génie.
Je n'ai pas encor vu la petite Eugénie ;
Elle doit être gauche, et son air précieux
La fait paraître au moins ridicule à mes yeux.

EUGÉNIE *s'était avancée pour mieux entendre.*
(Avec dépit.)

Allons, me voilà bien !... Mon Dieu, que je suis laide !
Non , je n'ai jamais pris un si mauvais remède.

COURVILLE *feuilletant toujours , à Bienvenu.*

C'est votre faute aussi : pourquoi , jusqu'à présent,
M'avez-vous dérobé cet objet si plaisant ?

EUGÉNIE *avec une vivacité mêlée de dépit.*

Oh ! comme il est malin ! que je suis malheureuse !
Dieu me garde à présent d'être si curieuse !

COURVILLE *à Bienvenu.*

Bon , je vous tiens....

EUGÉNIE *à part, avec malice.*
Il faut le faire repentir.
(S'avançant près de Courville avec vivacité.)
Ma mort, monsieur, peut-elle encor vous divertir ?

COURVILLE *surpris, émerveillé.*

De beauté, de fraîcheur, quel mélange admirable !

EUGÉNIE *à part.*

Avec un air si doux être si détestable !

(*Haut.*)

Quel mal a pu vous faire, homme dur et cruel,
Une si pauvre enfant ?...

COURVILLE *embarrassé, à part.*

Que lui dirai-je, ô ciel !

EUGÉNIE *avec une douce naïveté.*

Vous aurais-je offensé ?... Cela n'est pas possible....
Mais je suis donc bien gauche !.. Ah ! l'affront est sensible !..
Pour curieuse,... bon ; oui, c'est là mon défaut :
Grâce à votre leçon je le perdrai bientôt.
Cependant, avouez, n'est-elle pas trop forte ?
Et bien plus, entre nous, que le mal ne comporte.
Pour un désir ! Un seul !... Je brûlais de vous voir ;
Si je l'ai satisfait, que je dois m'en vouloir !
Certes, dans ce plaisir je suis bien attrapée !
Voilà pour mon orgueil une belle équipée !...
Moi qui croyais vraiment entendre des douceurs !
Il faudra désormais les écouter ailleurs.
(*Eugénie voyant Courville interdit, le regarde fixement.*)
Oui, regardez-moi bien, je ne suis pas méchante ;
Et quand je le voudrais.... je suis bien innocente !

BIENVENU *s'apercevant de l'étonnement de Courville.*

(*A part, avec joie.*)

Il devient amoureux, mon succès est certain :
Je saisirai la pièce, et j'aurai tout le gain.

COURVILLE *avec transport.*

Je dois être à vos yeux un homme abominable :
Est-il quelques forfaits dont je ne sois coupable ?
Après ce que j'ai dit, les plus durs châtiments
Seraient même au-dessous de vos ressentiments !
Aussi je vais me faire une prompte justice.

EUGÉNIE *alarmée, avec vivacité.*

Arrêtez : pour cela vous iriez au supplice !
Ah ! monsieur, c'est fini, je ne vous en veux pas.
Avoir de la rancune est un triste embarras;
Et mon cœur, grâce au ciel ! redoute trop la peine,
Pour s'imposer jamais cette cruelle gêne.

BIENVENU *avec une pitié affectée, à Courville.*

Aurez-vous, dites-moi, toujours la cruauté
De hâter son trépas par votre vanité ?

EUGÉNIE *avec surprise, à Bienvenu.*

Quoi ! sans être payé !... je vous en félicite....
Vous n'aimez plus l'argent.

BIENVENU.

Oh ! n'allons pas si vite.
Ce qui paraît plus sûr à mon entendement,
C'est que Courville au moins vous aime éperdument,
Que vous l'aimez de même, et qu'il faut que sa pièce
Soit remise en mes mains, s'il veut que sa tendresse
Ne soit pas par mes soins réduite au désespoir.

EUGÉNIE *à Courville.*

Sans doute cet écrit vous donne un cœur bien noir,
Et vous avez, pardon, la figure si bonne.

BIENVENU *voyant Courville ému, prend le ton*
affectueux.

Voyez cette douceur qui charme en sa personne !
Qu'avez-vous résolu ?

COURVILLE *amoureusement.*

Je tombe à ses genoux.

EUGÉNIE *avec étonnement et naïveté.*

Vous allez m'adorer, comment, y pensez-vous ?

COURVILLE *tenant sa pièce à la main.*

Si j'y pense, grand Dieu ! j'y consacre ma vie.
Mon ame est devant vous en extase ravie !...
L'amour-propre et l'esprit sont des noms odieux,
Qui m'offrent désormais comme un monstre à vos yeux.
Soyez pour moi barbare et la plus inhumaine....

EUGÉNIE *avec une naïveté pleine de tendresse.*

Ah ! mon ami, cessez, ou ma mort est certaine.

COURVILLE *montrant sa pièce.*

Le voilà, par malheur, cet insultant écrit !

BIENVENU.

Bien nommé.

COURVILLE.

Qu'il périsse à jamais !

BIENVENU.

C'est bien dit.
(*A part, croyant saisir la pièce.*)
J'en serai le bourreau.... J'en suis enfin le maître !...

SCÈNE III.

EUGÉNIE, M. DE SOLANGE, COURVILLE, BIENVENU.

M. DE SOLANGE *s'avançant avec promptitude, saisit la pièce à l'instant que Bienvenu croyait la prendre.*

Arrêtez !...

EUGÉNIE *épouvantée.*

Juste ciel !

BIENVENU *surpris.*

Quoi ! (*A part.*) J'enrage.... le traître !
(*A M. de Solange avec colère.*)
Eh ! qui vous autorise à commander ici ?

M. DE SOLANGE *avec sévérité.*

Je vous l'apprendrai bien, malgré vous, Dieu merci !

EUGÉNIE *avec attendrissement.*

Prenez pitié de moi, je suis vraiment émue ;
Je vous montre, monsieur, mon ame toute nue.

M. DE SOLANGE *prenant la main d'Eugénie, avec affection.*

Personne, mon enfant, notre auteur excepté,
De vous faire du bien n'est plus que moi tenté.
De mon amour je veux qu'un baiser soit le gage.

EUGÉNIE *avec naïveté, à M. de Solange qui l'embrasse.*

Prenez.... Deux s'il le faut, tant j'aime ce langage !

M. DE SOLANGE *à Courville, malignement.*

Hé bien, Courville a-t-il toujours l'esprit malin ?

EUGÉNIE *avec un air caressant, à M. de Solange.*

Ménagez-le, monsieur, s'il m'a fait du chagrin ;
Dieu, qu'il s'est repenti !... Savez-vous que je l'aime ?

COURVILLE *se jetant avec ravissement aux pieds*
d'Eugénie.

Qui peut me retenir dans mon amour extrême !...
A moi-même Eugénie avouez mon bonheur !
(*A M. de Solange.*)
Ah! près d'elle, monsieur, soyez mon protecteur.

SCÈNE IV.

EUGÉNIE, COURVILLE, M. DE SOLANGE,
Mᵐᵉ. SINGRAPHE, FLORIMEL, BIENVENU.

FLORIMEL *arrivant avec vitesse, et voyant Courville*
aux genoux d'Eugénie, fait un grand mouvement de
surprise. A Mᵐᵉ. Singraphe.

Vous le voyez, madame, êtes-vous satisfaite ?
Et nous a-t-on trompés ? Voilà comme on me traite !
Est-il envers l'honneur un plus cruel affront ?
(*A Courville, qui se relève.*)
Diable, à vous enflammer je vous trouve un peu prompt.

EUGÉNIE *à part.*

Dieu! comme il parle mal !

FLORIMEL *à Mᵐᵉ. Singraphe.*

Même en votre présence,
Ils oseront encor corrompre l'innocence !

M. DE SOLANGE *avec calme et dignité.*

Madame, si j'en crois un noble sentiment,
Porte sur ma personne un meilleur jugement.

Mᵐᵉ. SINGRAPHE.

Sans détour avec vous s'il faut que je m'exprime,
Quel que soit votre rang, une secrète estime
Vous tient dans ma pensée en très haute faveur.

FLORIMEL *méchamment.*

Vous tenez là, madame, un objet bien trompeur.

Mme. SINGRAPHE *avec ironie, à Florimel.*

Mais vous avez, docteur, l'esprit bien versatile.
(*A Courville.*)
Je suis pour vous, monsieur, beaucoup plus difficile.
Il est fort surprenant qu'avec un air suspect,
Jusqu'aux pieds de ma fille on perde le respect.

EUGÉNIE *avec ingénuité.*

Au contraire, maman, il était en prière.

M. DE SOLANGE.

Bien, mon enfant.

COURVILLE *à Mme. Singraphe, avec fierté.*

Madame, une ame noble et fière,
Par de faux sentiments ne saurait s'avilir.

FLORIMEL.

Ici, je vous arrête : est-ce un noble plaisir
D'avoir par une trame, à nos dépens ourdie,
Sur un infâme écrit, soi-disant comédie,
Fondé le vil espoir d'un profit dégoûtant ?

BIENVENU *montrant M. de Solange.*

Regardez, sa grandeur le tient en cet instant.
Vous y jouez, madame, un assez plaisant rôle.

FLORIMEL *avec méchanceté.*

Tout, jusqu'à votre esprit, monsieur même y contrôle.

COURVILLE *confondu, à part.*

Que répondre à cela ?
L'Usurier. 8

BIENVENU *à Florimel.*

Le voilà condamné.

EUGÉNIE *avec pitié et tendresse.*

Mon Dieu! qu'il est à plaindre! on l'a trop chagriné.

Mme. SINGRAPHE *en colère, à Courville.*

De m'insulter ainsi vous avez l'indécence!

BIENVENU *apercevant Léopold.*

Bon, voici Léopold.

SCÈNE V.

LES PRÉCÉDENTS, LÉOPOLD.

LÉOPOLD *à lui-même.*

J'en veux tirer vengeance.

(A Courville.)

Je vous rencontre enfin; marchons.

COURVILLE *avec l'air étonné.*

Où, s'il vous plaît?

LÉOPOLD.

Au bois.... cela s'entend.

COURVILLE *jouant l'étonné.*

Quel est votre projet?

LÉOPOLD.

De vous tuer, monsieur.... Avec honneur, sans doute.

EUGÉNIE *s'avançant avec une fierté comique vers son frère.*

Moi, je le défendrai, vraiment, quoi qu'il en coûte.
S'il vous traite de fat, il veut vous corriger :
Tombez à ses genoux, au lieu de vous venger.
Sur mes défauts aussi ne m'a-t-il pas instruite?
Ai-je donc proposé d'aller au bois de suite?
Non, j'ai tout pardonné.

LÉOPOLD *à Courville qui regarde Eugénie.*
Monsieur, l'écoutez-vous ?

COURVILLE *avec admiration, la vue fixée sur Eugénie.*

Je n'entendis jamais un entretien plus doux !
LÉOPOLD.

Le point d'honneur, monsieur, est notre loi suprême!...
(*A part.*)

Je suis sûr de mon coup.

COURVILLE *regardant Eugénie avec ravissement.*
Quelle douceur extrême !

BIENVENU *à Florimel.*

Je cours chercher Singraphe.   (*Il sort.*)

SCÈNE VI.

LES PRÉCÉDENTS.

M. DE SOLANGE *à Léopold, avec ironie.*
Il faut en convenir,

Puisqu'il vous peint en fat, loin de le démentir,
J'ai saisi le premier ce trait de ressemblance.
Vous êtes jeune encore, et mon expérience
Ne nuit point au courage, elle en fait la vertu.
Un tel sujet par moi serait mieux débattu,
Si vous daigniez, monsieur, malgré votre mérite,
Tempérer par mes soins l'ardeur qui vous agite.

LÉOPOLD *avec impertinence.*

Vous êtes, j'en conviens, un fourbe bien hardi.

EUGÉNIE *se jetant avec vivacité aux genoux de*
M. de Solange.

Prenez pitié, monsieur, d'un petit étourdi.

8..

SCENE VII.

LÉOPOLD, COURVILLE, EUGÉNIE, M. DE SO-
LANGE, M. SINGRAPHE, Mme. SINGRAPHE,
FLORIMEL, BIENVENU.

M. SINGRAPHE *arrivant en hâte avec Bienvenu.*

Ciel ! que vois-je ! ma fille aux genoux d'un perfide !
(*A sa femme, à part, en lui montrant M. de Solange.*)
Serez-vous donc toujours de ses faveurs avide ?
(*Haut.*)
Le croyez-vous encore ? A présent suis-je un sot ?
Ou bien vous êtes femme.... entêtée, en un mot.
(*A M. de Solange, avec ironie.*)
Monsieur me dira-t-il par quel emploi sublime
Il a montré pour moi le zèle qui l'anime ?
Ah ! sans doute aujourd'hui quelque noble action
Va porter à la cour la gloire de mon nom !

M. DE SOLANGE *avec sang-froid et dignité.*

Oui, monsieur, au-delà même de votre attente.

M. SINGRAPHE *avec dépit, à part.*

Je tremble d'être instruit.

M. DE SOLANGE *à M. Singraphe, en riant.*
Quel démon vous tourmente ?

M. SINGRAPHE.

Vous faites le plaisant, imposteur déguisé !
Vous êtes satisfait de m'avoir abusé.

FLORIMEL *à Mme. Singraphe, qui fixe ses regards
sur lui.*

Quel charlatan fieffé !... Vous le voyez, madame.

M. SINGRAPHE.

Je ne puis retenir le courroux qui m'enflamme.

M. DE SOLANGE *à M. Singraphe, avec dignité.*

J'ai rempli tous les vœux d'un noble engagement.

M. SINGRAPHE.

Tant pis ! mon procureur y met empêchement.
D'après lui, l'acte est nul.

M. DE SOLANGE *étonné.*
Comment ?

M. SINGRAPHE.
Défaut de forme.

M. DE SOLANGE.

Je le crois en tout point à l'équité conforme.

M. SINGRAPHE *avec ironie.*

Oui, vraiment, si par dol vous ne l'aviez surpris.
(*Avec franchise.*)
Certes, mon procureur est un homme de prix !
C'est par les nullités qu'il obtient gain de cause :
Jamais dans la justice il ne voit autre chose.
(*Voyant M. de Solange qui tourne la tête pour rire.*)
Cela vous déconcerte ; ah ! monsieur le baron,
Ne seriez-vous enfin qu'un illustre fripon ?

EUGÉNIE.

Quel gros mot, juste ciel ! J'en réponds sur ma tête ;
Je m'y connais, sans doute ; oui, monsieur est honnête.
Voyez, ressemble-t-il à notre Bienvenu ?

BIENVENU *à part, avec colère.*

Au diable l'innocente et son air ingénu !

M. DE SOLANGE *regardant Bienvenu.*

Ce qu'elle vient de dire est la vérité pure,
Et je saurai bientôt démasquer l'imposture.

BIENVENU *à M. Singraphe.*

Au criminel, monsieur, faites-lui son procès.

M. SINGRAPHE *à M. de Solange.*

Nous verrons bien alors si j'en paîrai les frais.
Vous n'avez qu'un instant pour écarter la foudre.

BIENVENU.

Autrement, avec vous nous allons en découdre.

M. SINGRAPHE *s'approchant de M. de Solange en*
le narguant.

Vous me rendrez mon acte et mes mille louis.

Mme. SINGRAPHE *à M. de Solange, avec intérêt.*

Si votre honneur, monsieur, doit être compromis,
A l'insu du public terminez cette affaire.

M. DE SOLANGE *avec dignité.*

Soupçonnez-vous aussi mon noble caractère ?

FLORIMEL *à Mme. Singraphe, en haussant les epaules.*

Son noble caractère.... Ah ! cela fait pitié !

M. SINGRAPHE *à M. de Solange.*

Ainsi vous pensez donc être justifié ?

BIENVENU.

Ne perdons pas de temps.

M. SINGRAPHE.

     Allons, l'auteur Courville,
(*A M. de Solange.*)
Et vous, mon cher seigneur, hors de mon domicile.

M. DE SOLANGE.

Cela ne me plaît pas, non plus qu'à mon ami.

EUGÉNIE *avec un saisissement comique.*

Je tremble, je frissonne, et d'effroi je frémi.

M. SINGRAPHE *poussant Courville avec colère.*

Chez soi vit-on jamais une telle arrogance ?
Vous sortirez, messieurs, ou votre impertinence....

BIENVENU *entendant du bruit, va regarder au fond du théâtre, à M. Singraphe.*

Monsieur, j'entends du bruit.... Quel valet d'apparat !
C'est, à n'en pas douter, un messager d'état.

EUGÉNIE.

Tant mieux! cela m'annonce une bonne nouvelle.

M. SINGRAPHE *à M. de Solange, avec joie.*

Certainement, il va terminer la querelle.
D'un ordre du conseil, grâce à mon procureur !
Contre vous, j'en suis sûr, il doit être porteur.
Enfin, nous saurons donc quelle est votre personne !
(*Voyant M. de Solange qui affecte un air confus.*)
Eh quoi ! votre fierté déjà vous abandonne !
La justice avec vous a-t-elle un démêlé ?

EUGÉNIE *à M. de Solange.*

Des chagrins qu'on vous fait, mon cœur est désolé.

SCÈNE VIII.

LES PRÉCÉDENTS, BELLEMAIN, *richement vêtu, et suivi de laquais en grande livrée.*

EUGÉNIE *allant au-devant de lui, revient promptement.*
(*A M. de Solange.*)
Monsieur , rassurez-vous, c'est votre domestique.
Mais comme il est donc beau !

M. DE SOLANGE *à part.*

Voici l'instant critique.

BELLEMAIN *remettant un paquet à M. de Solange.*
Votre désir se trouve à présent satisfait.
Le ministre, monsieur, m'a remis ce paquet.

M. SINGRAPHE *surpris, à part.*

Comme je suis trompé !... Quel présage sinistre !...

EUGÉNIE *s'approchant d'un air curieux de M. de Solange.*
Je voudrais bien savoir ce que dit le ministre.

M. DE SOLANGE *en riant.*

Je vais vous obéir.... (*Il lit.*) « Combien je m'applaudis,
» De pouvoir me compter au rang de vos amis !
» Quand, par un noble fait, votre ame libérale
» Du monde va gagner l'estime générale :
» Ce que vous pouvez voir par l'approbation
» Dont notre auguste chef vous honore en son nom. »

EUGÉNIE.

Malgré les mécontents, et leur ton qui m'assomme
Le Roi, j'en suis bien sûre, est un grand honnête homme,

M. SINGRAPHE.

C'est ce qu'il faudra voir.... (*A part.*) Mais il est singulier
Qu'un grand ministre écrive à cet aventurier.

M. DE SOLANGE *continuant de lire.*

« Que le sort d'un monarque inspirerait d'envie,
» Si le ciel, attentif au bonheur de sa vie,
» Secondant son amour envers les malheureux,
» Donnait à ses sujets un cœur bon, généreux,
» Qui, plein d'un zèle actif, à l'exemple du vôtre,
» De ses vœux bienfaisants serait l'ardent apôtre !
» Puisse votre action, chère à tous les Français,
» De mes soins paternels assurer le succès !
» Qu'elle soit la leçon où toujours l'opulence
» Montre à la pauvreté son droit de préférence !
» En venant au secours de nos braves guerriers,
» Victimes, trop souvent, de l'appât des lauriers ;
» Vous secondez, monsieur, la plus douce promesse
» Que pour eux, dans mon cœur, vint graver ma tendresse.
» Qu'ainsi monsieur Singraphe apprenne le bonheur
» Que lui vaut aujourd'hui votre haute faveur ;
» Grâce au droit qu'il obtient par votre ministère,
» De construire à ses frais l'hôpital militaire,
» Qu'à Rouen, sous son nom, il offre d'élever ;
» Prétendant qu'en un an il le fasse achever.
» Comme aussi désirant nous montrer favorable
» A cet empressement dont il est si louable,
» Nous agréons de cœur les six cent mille francs
» Qui sont de son projet de si nobles garants ;
» Et pour prouver combien son fait nous intéresse,

» Nous lui donnons de plus nos lettres de noblesse ;.

» Afin que sa conduite ait la célébrité

» Qui devra la transmettre à la postérité.

» Sur cela nous prions que Dieu l'ait en sa garde. »

M. SINGRAPHE *avec une colère mêlée de délire.*

Construire un hôpital !... Quoi ! cela me regarde !...

M. DE SOLANGE *avec exaltation.*

Que de gens, par vos soins, au désespoir réduits,
N'avez-vous pas, grand Dieu ! dans ce séjour conduits !

M. SINGRAPHE *avec humeur et opiniâtreté.*

Cela ne sera pas avant que j'y consente :
Ma procuration était insuffisante,
Pour m'engager surtout aux frais d'un hôpital.

M. DE SOLANGE.

Puisque vous rejetez un titre aussi légal,
D'après la vérité d'un fond de comédie,
Où de votre ame on voit la basse maladie,
Au théâtre bientôt, de vos honteux péchés
Le public connaîtra les faits les plus cachés.

(*A Florimel.*)

Vous apprendrez, docteur, dans ce qui vous concerne,
Que la votre noblesse est de façon moderne.

(*A Mme. Singraphe.*)

Oui, madame, il descend de l'illustre *Purgon.*

Mme. SINGRAPHE *à Florimel, avec pitié.*

Vous convoitiez ma fille avec un pareil nom !...

M. DE SOLANGE *voyant Florimel confus.*

Pourquoi rougir, monsieur, d'une telle origine ?

Ne traitez plus en vers la grave médecine;
Et laissant tout système où l'art est compromis,
A des principes sains soyez toujours soumis.
Songez qu'en vos écarts la santé la plus belle
Peut, grâce à votre esprit, devenir infidelle.

FLORIMEL *confus.*

J'ai honte, en vérité, de mes égarements,
Et je vais des anciens suivre les errements. (*Il sort.*)

SCÈNE IX ET DERNIÈRE.

LES PRÉCÉDENTS.

BIENVENU *à part.*

Cela tourne assez mal; songeons à disparaître.

M. SINGRAPHE.

Mais vous qu'ici je vois nous commander en maître,
Qu'êtes-vous, s'il vous plaît?

M. DE SOLANGE.

Vous le saurez trop tôt.
(*Montrant Bienvenu.*)
Je veux auparavant démasquer ce maraud ;
Unir monsieur Courville à la tendre Eugénie,
Et vous montrer ainsi ce que peut le génie.

M. SINGRAPHE.

Qui !... moi ! je m'adjoindrais un dramatique auteur,
C'est-à-dire, en un mot, un calomniateur !

EUGÉNIE *avec naïveté et vivacité.*

Mon père, calmez-vous, c'est bien moi qui l'épouse.

Mme. SINGRAPHE *à M. de Solange.*

Mais de mon rang, monsieur, je deviens trop jalouse,

Pour approuver jamais une telle union.

M. DE SOLANGE.

A mes vœux, s'il vous plaît, point d'opposition.

Mme. SINGRAPHE *se tournant vers son mari.*

Je ne sais quel pouvoir m'interdit la parole.

M. SINGRAPHE *haussant les épaules.*

Vous voulez m'endormir par ce discours frivole!...
Eh quoi! mon fils lui-même a perdu son esprit!
N'importe, dussiez-vous en mourir de dépit!
　(*A M. de Solange.*)
Je vous déclare, moi, qu'ici je désavoue
Ce noble fait qu'en vous à mes frais le Roi loue.

BIENVENU *à M. Singraphe.*

Très bien; montrez, monsieur, de la virilité.

M. SINGRAPHE *à Bienvenu, bas, avec dépit.*

Sans doute je suis las de voir cet effronté.

M. DE SOLANGE *à Bienvenu.*

Taisez-vous, je le veux.

M. SINGRAPHE *étonné.*

　　　　Mais c'est vraiment étrange!
Qu'êtes-vous donc, enfin?

M. DE SOLANGE.

　　　　Le comte de Solange.

M. SINGRAPHE.

Ciel!...

Mme. SINGRAPHE *se jetant dans les bras de son frère.*
Mon frère!...

EUGÉNIE *avec transport, embrassant M. de Solange.*

Ah! monsieur, mon cœur est trop content!

LÉOPOLD *avec un air soumis, à M. de Solange.*

De tout ce que j'ai dit, croyez-moi repentant.

BIENVENU *à part, et voulant sortir.*

Profitons de leur trouble, et partons au plus vite.

M. DE SOLANGE *arrêtant Bienvenu.*

Arrêtez, envers moi je ne vous tiens pas quitte.

BIENVENU *s'arrêtant avec politesse.*

Pardon....

COURVILLE *avec passion, à M. de Solange.*

Dans vous, monsieur, je mets tout mon espoir.

(*A Mme. Singraphe, en se jetant à ses genoux.*)

Madame, en ma faveur laissez-vous émouvoir.

En servant bien son Roi, n'a-t-on pas la noblesse?

Mme. SINGRAPHE *avec douceur.*

Mon frère, dans ce jour, a toute ma tendresse.

EUGÉNIE *embrassant sa mère, et regardant Courville.*

Vous pensez bien, maman, à faire son bonheur.

M. SINGRAPHE *s'attendrissant malgré lui, au public.*

Personne n'est ici plus bête que mon cœur.

M. DE SOLANGE.

D'une humeur libérale, allons, monsieur mon frère,
Servez à vos pareils de leçon exemplaire.
Que sensible à l'honneur, tout riche désormais,
Honteux d'un vil renom, vous surpasse en bienfaits!

Contemplez les écueils d'une conduite impure ;
Chacun, pour vous tromper, prodigue l'imposture ;
De vos propres enfants vous êtes méprisé ;
Même à vous renier l'un d'eux est disposé.
Vainement voulez-vous leur parler comme un père,
Leur cœur n'a point connu ce sacré caractère.
Pourraient-ils respecter celui que le public
Accuse, en gémissant, d'un barbare trafic ?
Entendez-vous les cris de ces pauvres victimes,
Qu'un énorme profit, des plus illégitimes!...
A plongé, grâce à vous, dans un désordre affreux ?
Ah ! puisqu'il en est temps, d'un effort généreux
Sortez donc d'un état où le mépris, sans doute,
De l'honneur à jamais va vous fermer la route.
Au surplus, si mes droits sont un peu respectés,
Sans procuration, dans vos propriétés,
Avec vous je pourrai me comporter en maître :
Rendez-vous à mes vœux, et je renonce à l'être.

M. SINGRAPHE.

Eh ! qui résisterait à votre entêtement !

EUGÉNIE à son père, qui hausse les épaules.

Cela s'arrange ainsi fort agréablement.

M. DE SOLANGE à Léopold, en lui remettant un brevet.

Voici, mon cher neveu, l'objet qui vous regarde ;
Vous entrez aujourd'hui lieutenant dans la garde.
Apprenez, avant tout, qu'en France la valeur
Ne doit plus s'allier avec le faux honneur,
Et qu'il est glorieux d'oublier une offense,
Quand l'amour-propre seul commande la vengeance.

LÉOPOLD.

En suivant vos leçons, je parviendrai bientôt
A bannir sans retour un orgueilleux défaut.

BIENVENU *à part.*

Mon tour arrive.

M. DE SOLANGE *à Bienvenu.*

A vous ?

BIENVENU *d'un ton suppliant.*

Monseigneur, je vous prie....

M. DE SOLANGE.

Sans doute de souffrir votre friponnerie !...

M. SINGRAPHE *à Bienvenu.*

Qu'avez-vous fait, parlez, de mes mille louis,
Qui devaient, disiez-vous, être à monsieur remis ?

BIENVENU *avec un air confus.*

D'une explication épargnez-moi la honte.

M. SINGRAPHE.

Non, certe !

BIENVENU.

Hé bien, je vais vous en faire le compte.
(*A M. de Solange.*)
J'allais à votre hôtel, lorsqu'un spéculateur
De les lui disposer me presse avec ardeur,
(*A M. Singraphe.*)
A dix pour cent le mois ! Le prix me détermine.
C'est un fort bon Français, qui, crainte de famine,
Par pure humanité fait des achats de grain,
Dans l'espoir d'y gagner au plus fort de la faim.

Quoi qu'il en soit, messieurs, laissez-moi cette somme ;
Je renonce à l'usure, et me fais honnête homme.

M. SINGRAPHE.

Sois-le, bon, j'y souscris ; mais rends-moi mon argent.

BIENVENU.

Puis-je le devenir, si je suis indigent !....

M. DE SOLANGE.

Je me charge en tout point de purger sa conduite ;
Je doute que le mal échappe à ma poursuite.
Mais nous, pleins de respect, allons aux pieds du Roi,
Jurer de le servir, sans lui manquer de foi.

FIN DU CINQUIÈME ET DERNIER ACTE.